Collationné Complet,

410:-

DAYA CRAMA SANGRAHA

DE

SRI CRISNA TERCALANCARA BHUTTACHARRUJ.

———◦❖◦———

TRAITÉ ORIGINAL

DES SUCCESSIONS,

D'APRÈS LE DROIT HINDOU.

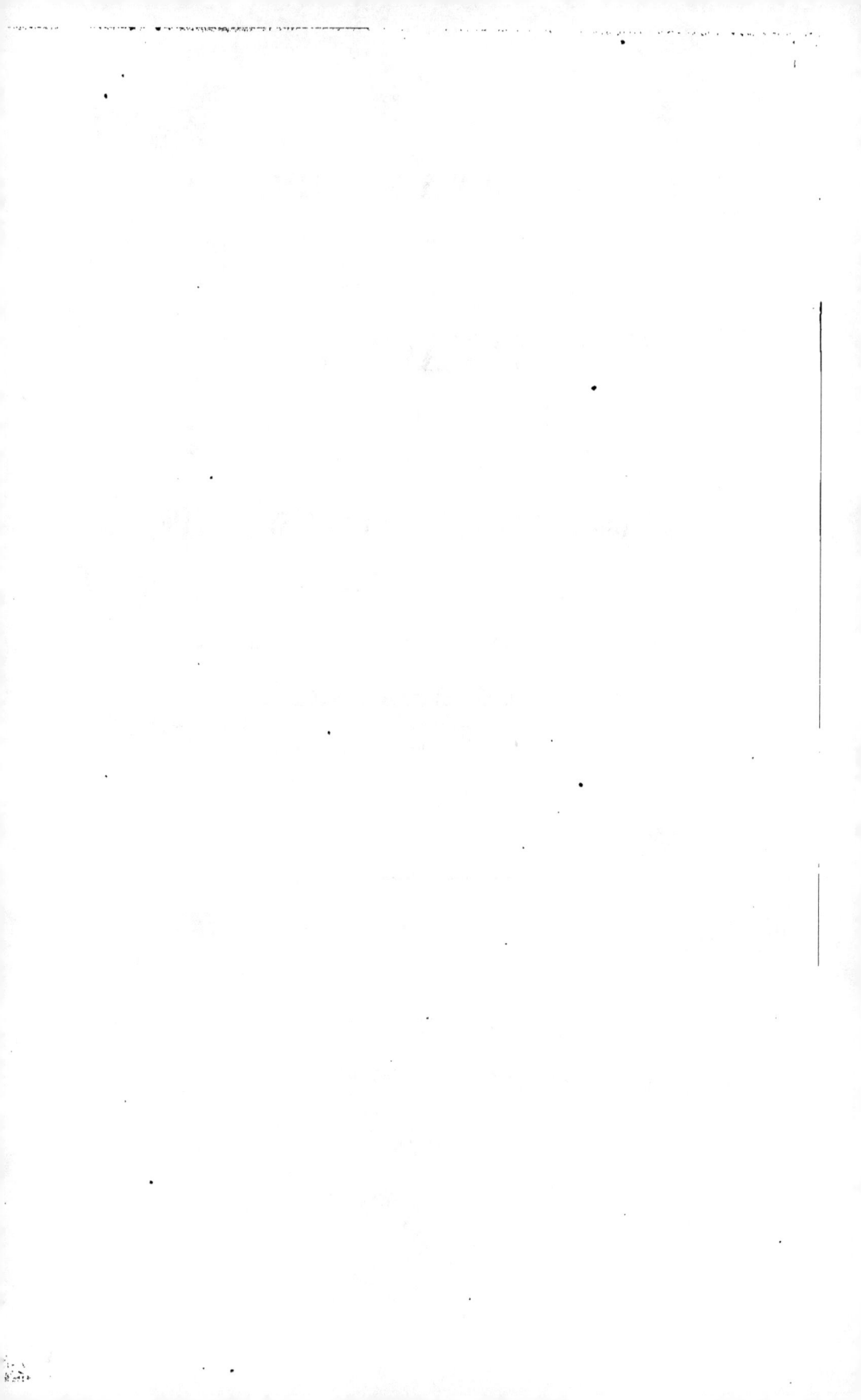

DAYA CRAMA SANGRAHA,

AUGMENTÉ

DE NOTES ET DE PASSAGES

DU MITACSHARA,

ET SUIVI

DE QUELQUES OBSERVATIONS

SUR L'ADOPTION ET SUR LE POUVOIR TESTAMENTAIRE

CHEZ LES HINDOUX.

Dédié a M. F. BIGNON, Député de la Loire-Inférieure,

Par G. ORIANNE,

CONSEILLER A LA COUR ROYALE DE PONDICHÉRY.

———

PONDICHÉRY,

A. TOUTIN, IMPRIMEUR DU GOUVERNEMENT.

—

1843.

INTRODUCTION.

Lors de mon arrivée dans l'Inde, ma première pensée fut naturellement d'acquérir quelque connaissance du droit civil de ceux auxquels j'étais appelé à administrer la justice, et j'avoue que je ne fus ni peu surpris, ni peu embarrassé, en apprenant qu'il n'existait, sur cette matière, aucun ouvrage en français, excepté la traduction des lois de Manou, par M. Loiseleur Deslongchamps, livre très-intéressant sans doute, pour ceux qui desirent se faire une opinion des anciennes mœurs et coutumes des Hindous et très-respectable par son antiquité; mais qui présenté ainsi isolément et sans commentaire, ne peut être que d'une bien faible utilité pour l'administration de la justice.

A défaut de tout ouvrage en français, je me procurai d'abord le digeste de Jagannatha Tercapunchanana, traduit en anglais par M. Colebrooke; mais il y a dans cette compilation, si peu de méthode, les textes cités sont tellement contradictoires et le commentaire si diffus, que je ne tardai pas à me convaincre que peu de fruit pouvait être retiré de cette étude. Plus tard, le Daya Bhaga, traité des successions, par Jimuta Vahana, m'étant tombé entre les mains, je commençai à mieux apprécier les auteurs Indiens, bien que Jimuta Vahana, ait lui-même, quoiqu'à un moindre dégré, les défauts si justement reprochés à Jaggannatha. Enfin, je pus avoir à ma disposition, le Dattaka Mimansa, de Nanda Pandita, le Dattaka Chandrika, de Devanda Bhatta, le Mitacshara, l'excellent ouvrage de M. Strange et le Daya Crama Sangraha, de Sricrisna Tercalancara ; ouvrage qui peut être moins recherché des savants que le Daya Bhaga, parce qu'il est moins volumineux et détaillé, mais qui est écrit d'après les mêmes principes et qui est d'une utilité, suivant moi, plus grande, parce qu'il réunit au mérite, bien rare dans les auteurs Indiens, de la concision et de la clarté, beaucoup de méthode et qu'il est d'ailleurs presqu'entièrement dépouillé des raisonnements peu concluants et souvent futiles, qui ne se rencontrent que trop fréquemment dans ces sortes de livres.

J'avais fait des extraits considérables de ces différents ouvrages et des notes de MM. Colebrooke, Strange, Sutherland, etc., uniquement pour ma propre satisfaction, lorsqu'appelé à Pondichéry, je m'aperçus que le besoin de quelque document en langue française, qui put servir, si non à baser, du moins à faciliter les décisions de justice, était senti par plusieurs de mes collègues, comme il l'avait été par moi-même. Je communiquai alors à M. le Procureur général mon travail et je lui offris de mettre en ordre les matériaux que j'avais réunis, pour en faire un traité ou essai sur le droit Hindou, si le gouvernement voulait venir en aide, pour les frais d'impression, qu'il m'était impossible de faire moi-même ; un ouvrage de ce genre n'offrant par sa nature, aucune chance de recouvrer ces déboursés : M. le Procureur général, sans repousser l'idée que j'avais conçue, pensa qu'il serait plus utile de publier une traduction française, d'un ouvrage original qui put être considéré et qui fut en effet reconnu par les indiens comme ayant force de loi, et je compris sur-le-champ, que ce projet était bien plus utile, mes propres opinions ne pouvant avoir aucun poids légal, quelque scrupuleuse que put être mon attention, à ne les fonder que sur des textes irrécusables. Restait une autre difficulté à surmonter : les établissements français de l'Inde sont situés dans des provinces éloignées les unes des autres, où la loi, quoiqu'elle soit la même, est différemment interprétée. Chandernagor, surtout, est situé dans le Bengale où, sur plusieurs points essentiels, la doctrine s'éloigne de celle qui est admise à Pondichéry, de manière qu'un seul ouvrage, quelque mérite qu'il puisse avoir, ne saurait éclairer sur tous les points et servir à toutes les contestations, et pourtant il m'était impossible, du moins en ce moment, d'offrir au public plus d'un volume. J'ai pensé qu'il était possible d'obvier en partie à cet inconvénient, en faisant une traduction du Daya Crama Sangraha, qui est élémentaire et par conséquent plus approprié à un premier essai ; en y ajoutant quelques notes, pour signaler les points de dissemblance de sa doctrine avec celle accueillie à Pondichéry et en joignant, pour les différences les plus essentielles, le texte même du Mitacshara, l'ouvrage le plus estimé dans le midi. Je ne me dissimule pas, qu'en réduisant ainsi mon travail à une simple traduction, que je me suis appliqué à rendre aussi exacte que possible, même dans les termes, tout mérite littéraire a du disparaître de cet ouvrage, dont le succès même ne saurait être pour moi une satisfaction d'amour propre. Je sens aussi qu'en choisissant le traité élémentaire de Sricrisna Tercalancara, au lieu de ceux plus étendus, plus savants peut-être, mais certainement plus diffus et plus difficiles à comprendre, de Jimuta Vahana et Vijnyaneswara, je pourrai paraître n'avoir publié que ce que leur expérience a suffisamment appris à ceux de mes collègues, qui ont déjà passé plusieurs années dans l'Inde; mais si j'ai facilité l'étude du droit civil Hindou à ceux qui sont arrivés depuis peu et à ceux qui doivent venir par la suite, si j'ai fourni à MM les conseils agréés, soit Européens, soit Indiens, un moyen d'apprécier plus justement ou plus facilement les droits de leurs clients, j'ai fait une chose utile et cette pensée sera ma récompense : d'ailleurs, j'aurai donné l'exemple et quand je songe que près de deux cent mille individus sont obligés de soumettre leurs droits à nos décisions, je fais des vœux sincères pour que l'entreprise que j'ai commencée, soit continuée par des mains plus habiles que les miennes.

Quelques refléxions sur les auteurs dont les noms doivent paraître le plus souvent dans ce volume, sur la nature de leurs écrits et sur la' manière ancienne de composer les tribunaux dans .l'Inde, ne paraîtront sans doute pas déplacées ici, puisqu'elles ont pour but de faciliter l'intelligence de ce qui va suivre.

Les Indiens croyent que leurs lois civiles aussi bien que leurs lois religieuses sont fondées sur la révélation et qu'une partie en a été conservée, dans les termes mêmes employés par le législateur divin : c'est à cette partie qu'ils donnent le nom de Vedas et ils la considèrent comme écriture sacrée : les classes privilégiées ont seules le droit de la lire. Ils prétendent que le reste a été enseigné par des législateurs inspirés, à leurs élèves, et que ceux-ci l'ont constaté par écrit, et c'est aux souvenirs ainsi conservés qu'ils donnent le nom de *Smriti*, ou loi conservée par la mémoire, par opposition au mot *Sruti*, loi entendue : ce que l'on peut rendre par les mots tradition et révélation.

Les Vedas ne s'occupent guères que de préceptes et de pratiques religieux et contiennent peu de passages qui aient un rapport direct à la jurisprudence : la loi civile et criminelle se rencontre dans les *Smriti*, autrement appelés Dharma Sastra, auquel titre on ajoute le nom de l'auteur vrai ou supposé, comme dans le cas du livre de Manou, traduit par M. Loiseleur Deslongchamps et connu sous le nom de Manava Dharma Sastra, *livre de la loi de Manou.* Ces Smriti sont généralement divisés en trois parties assez distinctes, nommées Candas: la première s'occupe plus particulièrement de cérémonies religieuses ou autres, la seconde de législation civile et criminelle, et la troisième de cérémonies expiatoires. La première partie se nomme Achara, la seconde Vyavahara et la troisième Prayaschit. On donne encore d'une manière générale, le nom de Paddhati, à la partie de ces écrits qui traite des pratiques de religion et celui de Dharma Sastra qui, à la vérité, s'applique au livre entier, est employé plus spécialement pour désigner la partie qui concerne les lois civiles et autres. Ces receuils fort anciens sont attribués à des personnages dont l'histoire, si jamais ils ont existé, se perd dans la nuit des temps. Quelques auteurs portent le nombre de ces législateurs à dix-huit, quelques autres à trente-six et même à un plus grand nombre. (¹) Les plus remarquables sont Manou, Gautama, Sancha et Litchita, et Parasara, et

---

(¹) Voici l'énumération des législateurs, reconnue par Yajn-yawalcya, qui lui-même en fait partie: Manou, Atri, Vish-nou, Harita, Yajnyawalcya, Ushanas, Angiras, Yama, Apos-tamba, Sauverta, Catyayana, Vrihaspati, Parasara, Vyasa Sancha et Lichita (deux frères qui ont écrit chacun un Smriti séparé et un autre en commun: on considère ces trois Smritis comme un seul ouvrage) Dacsha, Gautama, Satatapa et Va-sishta.

Parasara, dont le nom se trouve dans cette énumération, en a lui-même fait une autre qui contient aussi les noms de vingt sages parmi lesquels il ne fait pas figurer Sauverta, Vri-haspati et Vyasa à la place desquels il indique Casyapa, Brighu et Prachetas qui ne se trouvent pas dans celle de Yajnyawalcya.

le plus ancien, d'après la croyance générale est
Manou, cette croyance étant fondée sur un passage
de Parasara lui-même, dans lequel il dit que les
institutes de Manou ont été faites pour le Crita
Yuga, ou premier âge, les ordonnances de Gautama,
pour le Trita Yuga ou second âge ; les prescriptions
de Sancha et Lichita, pour le Dwapara Yuga, ou
troisième âge et ses propres ordonnances pour le
Caly Yuga, ou âge actuel. Malheureusement son
Smriti n'a pas été conservé en entier et la seconde
partie, le Vyavahara Canda, qui contenait les prescriptions de droit, manque entièrement. Les quatre
législateurs que je viens d'indiquer, ainsi que
Yajnyawâlcya, Vishnou, Catyayana, Devala et les
autres, dont les noms pourront se rencontrer dans
ces pages, sont dans une égale vénération, et quoiqu'ils ne s'expriment pas toujours dans les mêmes
termes, ils ne diffèrent guères sur les choses. Les
jurisconsultes indiens, au surplus, n'attribuent
pas aujourd'hui force de loi aux prescriptions contenues dans ces receuils, pas même à celles qui se
rencontrent dans le livre de Manou, qu'à la vérité
ils reconnaissent comme le fondement de toutes
les lois de l'Inde, mais qu'ils considèrent comme
devant être plutôt respecté que suivi dans le siècle
actuel ; et Manou lui-même paraît avoir prévu que
sa loi ne pouvait être toujours immuable, puisqu'il
enseigne que l'on ne doit rien faire de contraire
aux usages généralement adoptés. A défaut donc,
d'un code de lois, dans le véritable sens de ce mot,

c'est dans les opinions et conclusions des auteurs
de digestes et de commentaires que les Hindoux
ont cherché des motifs de décision, et comme les
auteurs de ces nombreux commentaires et digestes
n'ont pas toujours compris de la même manière
certains passages des Smritis, des doctrines différentes se sont peu à peu établies dans des provinces séparées et à défaut d'un terme plus exact, on
a donné le nom d'école à la masse d'autorités,
appartenant à chacune de ces doctrines diverses :
les plus célèbres de ces écoles, comme aussi les plus
opposées en doctrine sont celle de Gaurou ou du
Bengale et celle de Bénarès : la première est reconnue dans la province dont elle a pris le nom et dans
le Béhar : ce qu'on appelle l'école de Mithila, en
diffère peu et n'est suivi que dans le nord du Béhar.
Le principal auteur de l'école du Bengale est Jimuta
Vahana, qui a écrit le Daya Bhaga. L'école de
Bénarès est principalement réprésentée par le Mitacshara, dont l'autorité est incontestée, depuis
Bénarès jusqu'à la pointe de Galle (¹).

Je ne dirai rien de Jimuta Vahana dont j'ai cru
pouvoir avantageusement remplacer l'ouvrage par
celui bien plus abrégé et concis de Sricrisna Terca-

(¹) L'école du Bengale compte un autre auteur également
célèbre, Rhagunaudana, et le midi de la presqu'île de son côté
a Devandha Bhatta, auteur du Smriti Chandrika, ouvrage
en grande vénération, et de l'exellent traité sur l'adoption ; le
Dattaka Chandrika dont j'ai déjà traduit la majeure partie
de l'anglais de M. Suthurland, et que je compte publier
plus tard si cela est jugé utile.

lancara, et pour prouver que ce dernier auteur
mérite la confiance que j'ai cru devoir lui accorder,
il me suffira sans doute de citer quelques lignes
du meilleur juge en cette matière : voici ce que dit
M. Colebrooke, dans sa préface du Daya Bhaga.

« J'ai suivi le plus souvent et de préférence le
commentaire de Sricrisna Tercalancara sur le Daya
Bhaga : c'est le plus célèbre glossateur de ce texte.
Son livre est l'ouvrage d'un logicien serré, qui
interprète son auteur et raisonne sur ses arguments avec beaucoup de finesse et de précision, qui
éclaircit toujours le texte, en confirme ordinairement les principes et quelquefois les modifie et les
améliore. Son autorité, depuis long-temps, s'accroit
de jour en jour au Bengale et a presque fait disparaître les autres commentaires, étant généralement
classée immédiatement après celles Jimuta Vahana et
de Rhagunandana. Il a aussi fait un traité original
nommé Daya Crama Sangraha, qui est un bon résumé de la loi des successions d'après Jimuta Vahana
et son propre commentaire ».

Quant à l'auteur du Mitacshara, on ne sait rien
sur son compte, si ce n'est qu'il se nommait Vijnyaneswara et qu'il appartenait à un ordre de men-
diants ascetiques. (Sannyasis). On ne connaît même
pas approximativement l'époque à laquelle il vivait,
mais ce qui est certain, c'est que son ouvrage est
celui qui a le plus d'autorité, dans la partie
méridionale de l'Inde et que, d'ailleurs, ce sont les
divergences entre sa doctrine et celle du Daya

Bhaga, ou ce qui est la même chose, du Daya Crama Sangraha, qui constituent précisément la différence entre les écoles du Bengale et de Bénarès.

J'aurais voulu ne m'occuper que de ces deux auteurs rivaux, mais il me paraît nécessaire de m'étendre un peu sur le grand ouvrage de M. Colebrooke, ouvrage qui se trouve dans presque toutes les bibliothèques et qui a dû couter au savant traducteur un immense travail. Cet ouvrage est la traduction d'un digeste fait en 179 par ordre de la compagnie anglaise, par Jagganatha Terca-punchanana, célèbre Pundit de ce temps-là, et malgré la réputation grande et bien méritée du savant magistrat qui en a fait la traduction, qu'il me soit permis de dire que ce livre complétement incompréhensible pour celui qui ne possède pas la langue anglaise comme la sienne propre, est d'une médiocre utilité même pour ceux qui peuvent le lire, et qu'il est bien loin de valoir les peines et les soins qu'il a coutés à son auteur. C'est un ouvrage qui a manqué le but que se proposaient l'honorable compagnie quand elle a prescrit de le faire, et le savant M. Jones qui, le premier, en avait eu l'idée : une compilation, sans méthode ni choix suffisans, de textes contradictoires et de raisonnemens souvent futiles, dans laquelle on peut trouver tout excepté des raisons propres à éclairer le juge. M. Colebrooke le reconnaît lui-même, puisqu'il dit :

« Dans la préface de la traduction du digeste,

j'ai fait sentir que j'avais conçu une opinion défa-
vorable de son arrangement. J'ai été confirmé dans
cette opinion sur la compilation depuis qu'elle a été
publiée, et véritablement la manière dont l'auteur
discute en même temps les opinions divergentes
des jurisconsultes des différentes écoles, sans dis-
tinguer d'une manière intelligible la doctrine admise
par chaque école ; mais au contraire, laissant le
lecteur dans l'ignorance si les opinions qu'il fait
connaître doivent être acceuillies, ou quelle doctrine doit être considérée comme applicable aujour-
d'hui et quelle, tombée en désuétude, rend son
ouvrage peu utile aux personnes habituées aux
questions de droit, et encore plus inutile à celles
qui ne connaissent pas à fond la jurisprudence indienne. » *(Préface du Daya Bhaga).*

M. Strange s'occupant du même digeste, remarque que c'est à juste raison qu'on en a dit que
c'était le meilleur des ouvrages pour un plaideur
et le plus mauvais pour un juge, et en définitive,
ces deux habiles magistrats en sont venus à regret-
ter, pour ainsi dire, que cette compilation ait été
faite, comme on le voit dans une lettre que le premier écrivait au second en septembre 1812.

« Vos craintes, d'une influence locale exercée
sur les Pundits du Sudra Adawlut de Madras, ne
me paraissent que trop fondées : cette influence
perce dans toutes leurs réponses. Je m'aperçois
qu'ils font grand usage de l'autorité de Jagga-

natha, le compilateur du digeste que j'ai traduit : nous ne l'avons pas ici dans la même vénération. »

Et plus bas.

« Je suis fâché qu'on ait fourni aux Pundits le moyen d'adopter leurs réponses à la doctrine qui peut favoriser l'influence sous laquelle ils se trouvent momentanément placés et je le serais davantage de voir que l'autorité de Jagganatha prévalut sur celle de l'auteur bien plus habile du Mitacshara.

La justice s'administrait autrefois dans l'Inde, soit au moyen d'arbitrage *(Panchayeti)*, soit au moyen de tribunaux, ayant une analogie frappante avec les nôtres et dont le plus élévé était présidé par le souverain, indiquant assez que ces peuples antiques admettaient le principe bien connu chez nous, que toute justice émane du Roi. Il y avait dans l'un et l'autre cas, trois dégrés de juridiction : toutes les causes devaient être d'abord soumises à l'arbitrage et ce n'était que lorsque les parties ne pouvaient obtenir par ce moyen des décisions satisfaisantes, qu'il leur étaient permis de s'adresser aux tribunaux réguliers.

Le premier dégré d'arbitrage était jugé par une réunion de parents désignée sous le nom de *Cula :* si la décision n'était pas de nature à contenter les parties, on se pourvoyait devant une assemblée d'artisans ou de commerçants livrés aux mêmes occupations, mais non de même caste ou du moins non exclusivement de même caste, parce que l'on supposait qu'une assemblée ainsi formée, devait être moins suspecte de partialité que celle composée uniquement de parents : cette seconde assemblée se nommait *Sreni* et on pouvait encore se pourvoir contre sa décision devant le *Puga*, qui était une assemblée générale d'habitants de la ville ou du village, de castes et professions différentes.

Après avoir parcouru ces trois degrés d'arbitrage, on pouvait déférer la contestation aux tribunaux réguliers : ceux-ci étaient composés d'abord de juges inférieurs nommés par le souverain et ayant autorité sur une certaine étendue de territoire. On pouvait appeler de leurs sentences, au tribunal du juge supérieur *(Pravad Vivaca)* lequel nommé aussi par le souverain, siégeait dans un lieu fixe, assisté de deux ou quatre assesseurs.

Enfin, on pouvait déférer les jugements de ce tribunal supérieur, à la cour du souverain qui jugeait lui-même, ayant pour assistants ou assesseurs, des Brames, versés dans la science du droit : cette dernière cour n'avait pas de siége fixe et tenait ses séances partout où se trouvait le Roi.

On le voit : l'organisation des tribunaux anciens de l'Inde s'écartait peu de celle qui existe aujourd'hui, mais le système d'arbitrage a subi de plus grandes modifications, quoiqu'on en trouve encore des vestiges dans les réunions de parents et de caste qui ont encore lieu à Pondichéry. La compagnie anglaise, après avoir long-temps conservé dans le territoire soumis à sa domination, le mode d'arbitrage qui vient d'être expliqué, voulut y appor-

2

ter quelques modifications; mais son réglement contenait des prescriptions maladroites qui, contrairement à son intention, eurent pour effet de renverser tout le mécanisme de l'institution. Ce réglement est de l'année, mil sept-cent quatre-vingt-un et portait que toute décision arbitrale serait exécutoire sans appel, à moins que deux témoins dignes de foi ne déclarassent, sur serment, que les arbitres s'étaient rendus coupables de partialité ou de corruption. La conséquence naturelle d'une telle clause fut que les parties mécontentes accusèrent toujours les arbitres de corruption et de partialité, et qu'on ne trouva plus de personnes respectables qui voulussent prendre part à des décisions de cette nature, et le système s'écroula.

Dans le cours de ce livre, beaucoup de textes de Manou seront cités et l'on sera peut être surpris que je n'aie pas adopté pour ces passages l'élégante traduction de Monsieur Loiseleur Deslongchamps: Je l'aurais voulu moi-même, sentant bien mon inhabileté à en faire une autre qui put soutenir la comparaison, mais je me suis aperçu que les arguments employés par Sricrisna prouvaient dans certains cas, qu'il avait autrement compris le texte que M. Loiseleur et dans quelques autres passages l'argumentation de l'auteur Indien : roulant sur des mots, j'ai été obligé, dans ma traduction, d'en employer qui, sans altérer le sens, du moins tel est mon espoir, prêtassent en français à l'argumentation indienne. Du reste, dans tous les cas, j'ai rapporté en note, la traduction de M. Loiseleur, pour la satisfaction du lecteur, qui pourra ainsi apercevoir d'un coup-d'œil les différences et les apprécier.

En terminant, qu'il me soit permis d'adresser mes remercîments à M. le procureur général GIBELIN, pour l'empressement qu'il a mis à demander pour moi l'appui de M. le Gouverneur, et à M. Du CAMPER, le digne Gouverneur de nos établissements de l'Inde, qui est toujours pret à favoriser ce qui est entrepris dans un but d'utilité, pour la bonté avec laquelle il a accordé cet appui, aussitôt qu'il en a été sollicité : si quelque bien résulte de cette publication, c'est à eux qu'il sera dû, car sans leur approbation elle n'aurait pu avoir lieu.

DAŸA CRAMA SANGRAHA.

LOI

DES SUCCESSIONS,

D'APRÈS LE DROIT HINDOU.

CHAPITRE PREMIER.

DE L'ORDRE DE SUCCESSION A L'HÉRITAGE D'UN HOMME
DÉCÉDÉ.

SECTION PREMIÈRE.

DROITS DES FILS, PETIT-FILS, ARRIÈRE PETIT-FILS.

§. 1er. Voici l'ordre que doivent observer les héritiers d'un homme décédé.

§. 2. D'abord son fils légitime succède conformément à ce texte. « Après la mort du Père et de
» la Mère, les Frères s'étant rassemblés, doivent
» partager également l'héritage paternel: ils n'en
» sont pas les maîtres pendant que leurs parents
» vivent » (¹) et autres textes d'une pareille signification qui établissent le droit du fils, à la succession de son père décédé. »

(¹) Manou. 9. 104. Après la mort du Père et de la Mère, que les Frères s'étant rassemblés, se partagent également entr'eux le bien de leurs parents, *lorsque le frère aîné renonce à son droit;* ils n'en sont pas les maîtres pendant la vie de ces deux personnes, à moins que *le Père n'ait préféré partager le bien, lui-même.* Loiseleur Deslongchamp.

§. 5. A défaut du fils, le petit-fils prend l'héritage et à son défaut, l'arrière petit-fils: mais un petit fils D, dont le père B est mort et un arrière petit-fils F, dont le père E, et le grand père C sont morts, partagent également l'héritage avec le fils A, car sans distinction, ils confèrent des bienfaits égaux, au propriétaire décédé, par la présentation d'offrandes funéraires aux obsèques solennelles. (¹)

Mais pendant la vie des parents, ni le petit-fils, ni l'arrière petit-fils, n'a droit à la succession, car ils ne confèrent aucun bienfait au décédé, par la présentation d'offrandes funéraires aux obsèques solennelles.

SECTION II.

DROITS DE LA VEUVE A LA SUCCESSION.

§. 1ᵉʳ. A défaut du petit-fils et de l'arrière petit-fils, la veuve prend la succession, conformément au texte de Yaynyawalcya, « La femme et les

---

(¹)

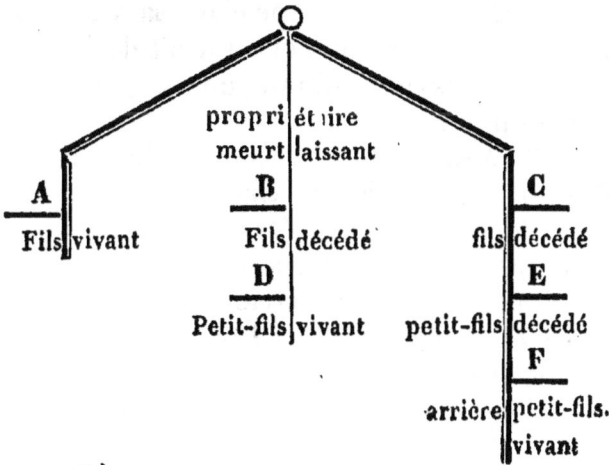

propriétaire
meurt laissant

A — Fils vivant
B — Fils décédé
C — fils décédé
D — Petit-fils vivant
E — petit-fils décédé
F — arrière petit-fils. vivant

» filles, aussi les deux parents, les frères et leurs
» fils, les gentiles, les cognats, un pupille et un com-
» pagnon d'études : à défaut du premier de ceux-
» ci, les autres dans l'ordre établi sont les héri-
» tiers des biens laissés, par celui qui est décédé
» sans postérité mâle. Cette règle s'étend à toutes
» les classes. »

§. 2. Ici cependant, on doit observer une règle
particulière.

§. 3. La femme doit se contenter de la jouissance des biens de son mari décédé : elle ne doit
ni les donner, ni les hypothéquer, ni les vendre.
Car il a été dit par Catyayana « Que la veuve sans
» enfants, conservant sans souillure le lit de son
» seigneur et demeurant avec son vénérable protec-
» teur jouisse avec modération de son héritage,
» jusqu'à sa mort : après elle que les héritiers le
» prennent. »

§. 4. *Demeurant avec son vénérable* protec-
teur ; c'est-à-dire, s'étant fixée avec son beau-père,
dans la famille de son mari, qu'elle jouisse des
propriétés de son mari pendant sa vie et qu'elle
n'en fasse pas (comme elle a droit de faire de ses
biens propres) à sa volonté, un don, une hypothèque ou une vente.

§. 5. A sa mort, celles de ses filles qui auraient
droit à la succession à défaut de la femme, prennent l'héritage et non les alliés, qui à raison de
leur infériorité aux filles et autres héritiers, ne
peuvent empêcher l'exercice de leur droit. Ainsi
il est écrit dans le Dana Dharma : « Les femmes
» doivent se contenter de la jouissance de la succes-
» sion de leurs maris ; que sous aucun prétexte

» une femme ne se permette de dissiper les biens
» de son époux. » Et même cette jouissance ne
doit pas s'étendre jusqu'à porter des vêtements
recherchés et s'abandonner à d'autres genres de
luxe; mais puisqu'une veuve confère des bienfaits
à son mari en conservant sa propre vie, il lui est
permis d'user des biens qu'il a laissés, pour cette
fin. De même elle peut donner ou autrement disposer de ces biens, pour accomplir les cérémonies
funèbres du mari. En conséquence, l'expression
dissiper, est employée à dessein, dans le texte cité
et dans plusieurs autres. « Que les femmes ne
dissipent pas » par *dissiper*, on entend faire des
dépenses qui ne produisent aucun bienfait, au propriétaire décédé.

§. 6. Mais, si la veuve ne peut autrement
pourvoir à sa subsistance, elle peut hypothéquer
les biens, et si cela ne suffit pas, elle peut les vendre.

§. 7. Elle doit faire aux oncles paternels et
aux autres parents de son mari, des présents pro-
portionnés à sa fortune, pour faire des cérémonies
funèbres : Vrihaspaty l'a ordonné, par le texte suivant : «Que par des présents offerts à ses mânes
» et par une pieuse libéralité elle honore les oncles
» paternels de son mari, son pasteur spirituel, les
» fils de ses filles, les enfants de ses sœurs et ses
» oncles maternels, aussi les membres âgés et sans
» protection et toutes les personnes du sexe de sa
» famille. » Par les mots, *oncles paternels*, on
entend, toute parenté avec son mari, comprise
dans le terme « *Sapinda.* » (¹) Les mots *fils* de ses

(¹) *Sapinda.* La parenté des Sapindas ou des hommes liés

filles comprennent toute la postérité des filles de son mari : par, *enfants de ses sœurs*, on indique les descendants des sœurs de son mari. *Oncles maternels*, c'est-à-dire les oncles maternels de son époux. C'est à ceux-ci et aux autres qu'elle doit faire des présents et non aux membres de la famille de son propre père, pendant que ces personnes vivent ; car, autrement, l'indication des *oncles paternels* et des *autres*, serait superflue. Cependant avec leur consentement, elle peut faire des présents à la famille de ses propres père et mère, comme l'établit NARENA.

« Lorsque l'époux est décédé, ses proches sont » les protecteurs de la veuve sans enfants ; ils ont » tout pouvoir, tant pour *disposer des biens* que » pour son entretien et les soins à lui donner ; » mais si la famille de son mari est éteinte, ou si » elle ne contient pas de membre du sexe mascu- » lin, ou si elle est incapable de la diriger, les » proches de son propre père, sont les protecteurs » de la veuve, s'il n'existe pas de parents de son » mari, compris dans le degré de Sapinda. »

« *Disposer des biens* ; » c'est-à-dire, par don, etc.; la femme est sous le contrôle de la famille de son mari, après le décès de celui-ci et à défaut de fils ; c'est ainsi que l'établit le Daya Bhaga : actuelle- ment une veuve est toujours de la même classe que son mari, puisque le mariage, avec une fem- me de classe différente, est prohibé pendant le *Caly Yuga* ou âge de fer.

---

entre eux par l'offrande des gâteaux (pindas), cesse à la sep- tième-personne, en ligne collatérale et à la quatrième en ligne directe, tant ascendante que descendante.

SECTION III.

DES DROITS DE LA FILLE.

§. 1er. A défaut de la femme, la fille hérite, conformément au texte de Devala (et autres textes aussi) « Sa fille propre non *mariée*, née en sainte » union, prendra comme un fils, l'héritage de celui » qui meurt sans postérité mâle, sa *propre fille*, » c'est-a-dire de même caste, née en sainte union, » c'est-à-dire, *légitime mariage*. »

§. 2. La fille non mariée a d'abord droit à la succession. Parasara le déclare : « Qu'une fille non » mariée prenne la succession de celui qui meurt » sans héritier mâle : » Ou s'il n'y en a pas, une fille mariée hérite.

§. 3. Il faut ici faire observer spécialement, la regle suivante, ([1]) à savoir ; si une fille non-mariée qui a une fois reçu une succession et qui s'est ensuite mariée vient à mourir sans enfants, ses sœurs qui peuvent espérer mettre au monde des enfants mâles, héritent de la succession qui avait été ainsi récueillie par elle : cette succession ne devient pas la propriété de son mari ou autres, car ils n'ont droit qu'aux biens personnels de la femme. (*Stri d'hun*).

§. 4. Mais s'il n'y a pas de fille non-mariée, les filles qui ont et les filles qui peuvent espérer des héritiers mâles, ont un droit égal à la succes-

---

([1]) Cette règle n'est pas reconnue par le Mitacshara qui classe parmi les biens particuliers des femmes, ceux qu'elles ont recueilli par héritage, qu'elle σ .puisse être l'origine : les remarques contenues dans la note ci-après, page 9, peuvent également recevoir ici leur application.

sion et à défaut de l'une, les autres prennent
l'héritage, conformément au texte de Parasara,
déjà cité, comme aussi du texte qui dit : « Étant
» de classe égale et mariée à un homme, aussi
» de même classe, et étant vertueuse et obéissante,
» elle, c'est-à-dire la fille, soit qu'elle ait été dé-
» signée pour continuer la lignée masculine, soit
» qu'elle ne l'ait pas été, prendra les biens du père,
» qui ne laisse pas de fils (ni femme) et parce que
» les filles dans ces deux cas (désignées, ou non
» désignées) confèrent sans distinction, des bienfaits
» au propriétaire décédé, au moyen de la présen-
» tation, par leurs fils, d'offrandes funéraires aux
» obsèques solennelles. »

§ 5. On doit aussi admettre la doctrine établie
par Dicshita et respectée par l'auteur du Daya
Bhaga, à savoir, qu'à défaut de filles qui ont et
de filles qui peuvent espérer des héritiers mâles,
les filles stériles, ou veuves sans enfants mâles, ne
peuvent recueillir l'héritage, parce qu'elles ne peuvent conférer de bienfaits au propriétaire décédé,
en présentant (par l'intermédiaire de leurs fils)
l'offrande funéraire aux obsèques solennelles, (¹).

SECTION IV.

DROITS DU FILS DE LA FILLE.

§. 1ᵉʳ. A défaut de filles (qui aient droit d'hériter) le fils de la fille prend la succession, confor-

(¹) La doctrine de Dicshita, dont il est ici question est bien
loin d'être admise par le Mitacshara et ceux de son école, le
Smriti Chandrica reconnaît positivement le droit des veuves.

mément au texte : « Que le fils de la fille prenne
» tout l'héritage de son *propre père* qui ne *laisse*
» *pas d'autre fils*, et qu'il présente deux offrandes
» funéraires, l'une à son propre père, l'autre à son
» grand-père maternel ; » (¹) et autres textes, dans le
même sens : *de son propre père*, signifie ici, le père
de sa mère, *qui ne laisse pas d'autre fils*, est une
phrase indéfinie, qui indique le défaut d'héritiers,
y compris les filles, autrement elle serait contraire
au texte de Yajnyawalcya : « Les femmes et les
filles ; » section 2 § 1ᵉʳ.

§. 2. L'opinion maintenue par Govinda Raja,
à savoir qu'à défaut des fils (petit-fils et arrière-
petit-fils), le fils de la fille a droit à la succession,
malgré l'existence de la fille, est conséquemment
réfutée par le texte cité.

§. 5. Les sectateurs de l'école *Mithila*, affirment que le fils de la fille a droit à la succession,
après tous les héritiers énumérés dans le texte de
Yajnyawalcya, cité, et dans plusieurs autres textes.
Ceci est une erreur, car puisque cette série d'héritiers se termine par le Roi, qui ne peut jamais
mourir, il en résulterait, de nécessité, que le fils
de la fille n'obtiendrait jamais l'héritage, et les
textes qui établissent son droit, seraient sans
objet.

[¹] Manou. 9. 132. Que le fils d'une fille *mariée dans l'intention susdite*, prenne tout le bien de son grand-père maternel mort sans enfant mâle, et qu'il offre deux gâteaux funèbres,
l'un à son propre père, l'autre à son aïeul maternel.

SECTION V.

DROITS DU PÈRE A LA SUCCESSION.

§. 1er. S'il n'y a pas de fils de la fille, *le père* (¹) a droit à la succession, conformément au texte de Catyayana qui dit : « Dans le cas de dissolution » de communauté, à défaut de fils, le père recueil- » le la succession ; » et aussi, parce que (le père)

(¹) *Le père* : C'est-à-dire le père du décédé : conséquemment d'après ce texte, si la veuve, qui en conformité de ce qui a été enseigné à la section 2, a recueilli la succession de son mari décédé sans postérité masculine, meurt sans laisser de filles ni de fils de ses filles, les biens font retour à la famille du mari ; son père les recueillant d'abord, à son défaut la mère et ensuite les frères du décédé et leurs descendants, comme si la veuve n'en avait jamais eu la saisine, et n'en eût possédé la jouissance que comme usufruit : ce retour explique les motifs pour lesquels il est défendu à la veuve, de dissiper les biens laissés par son mari et la surveillance que la famille de celui-ci a le droit d'exercer sur les actes de la veuve et paraît équitable et naturel, les père, mère et frère du décédé étant évidemment ses plus proches parents, lorsqu'il ne laisse de descendance ni masculine, ni féminine, ce sont eux d'ailleurs qui, d'après les usages de l'Inde, doivent présenter les offrandes funéraires, aux obsèques.

Néanmoins, l'auteur du Mitacshara établit une doctrine tout opposée et c'est la première différence importante que j'aie à signaler entre ses opinions et celles de l'école du Bengale. Cet auteur, dont la doctrine, comme je l'ai dit au commencement de ce volume, est suivie dans les provinces méridionales de la presqu'île, veut que les biens du mari soient considérés comme biens particuliers de la femme, du moment qu'elle les a recueillis par héritage, se fondant sur ce passage, « Aussi » les biens qu'elle peut avoir acquis par *héritage*, acquisition, » partage, etc., sont appelés par Manou et les autres, biens parti- » culiers de la femme » et il enseign que par suite de consé- quences, ils doivent être transmis aux héritiers de la femme

confère des bienfaits, au propriétaire décédé, par la présentation de deux offrandes funéraires, à savoir, à ses propres père et Grand père, auxquelles le décédé participe. Vachepasti Misra (et autres) en lisant autrement ce texte de Vishnou : « Les biens de celui qui ne laisse pas de descendan- » ce masculine vont à sa femme, à son défaut, à » ses filles; s'il n'y en a pas, ils appartiennent *au* » *père;* s'il est décédé, ils appartiennent à la mère. » » C'est-à-dire, en lisant, « s'il n'y en a pas, ils appar- » tiennent *à la mère,* et si elle est décédée, ils ap- » partiennent au père : » ont déclaré que les droits de la mère primaient ceux du père.

§. 2. Ceci est erronné : (¹) car le texte original de Vishnou dit le contraire (de ce qu'ils ont éta-

---

et non à ceux du mari, voici le texte : « ainsi les biens d'une » femme ont été définis, (l'auteur y a compris ceux recueillis » par héritage) ses parents les recueillent, si elle n'a pas de » postérité. *(Mitacshara chapitre 2 section 11 § 8.)* »

La différence ne paraît pas bien saillante, à la première observation, car d'après l'une ou l'autre opinion au décès de la mère, les biens doivent appartenir à ses filles ou leurs descendants, puisque les filles, en ce cas, sont héritières au même degré de leur père et de leur. mère mais c'est quand il n'existe ni filles ni descendants de filles, que la différence est sensible; car si les biens sont transmis, comme *Stridhun,* ainsi que l'enseigne le Mitacshara, ils deviennent la propriété de la famille de la femme, dont les membres héritent, dans l'ordre qui sera ci-après établi, au détriment des père et mère du propriétaire décédé ou de ses frères et neveux, auxquels ils feraient retour d'après le Daya Crama Sangraha d'accord sur ce point, comme sur les autres, avec le Daya Bhaga et tous ceux qui suivent la doctrine du Bengale.

(¹) Ici encore le Mitacshara établit une doctrine différente de celle adoptée au Bengale et cela principalement sur des raisonnements qui roulent sur la composition d'un mot san-

bli) c'est-à-dire, « s'il n'y en a pas, ils appartiennent *au père;* » s'il est décédé, ils appartiennent
à la mère: il a été ainsi entendu par tous les auteurs; d'ailleurs l'autre sens est en opposition avec
le texte de Catyayana précité, et puisque la supé-

---

skrit par lequel le texte de Vishnou, sur lequel il discute, indique le père et la mère comme héritiers d'un homme qui ne
laisse en mourant ni postérité masculine, ni postérité féminine,
ni veuve. Ce mot est *Pitarau,* abrégé de *Matapitarau,* lequel
dérivé de *Matri* mère et *Pitri* père, veut dire les deux parents,
il est permis, dans la langue Sanskrite, de se servir indistincte-
ment du composé *Matapitarau* ou de son abrégé *Pitarau,* le
sens étant le même.

Voici au surplus, la discussion à laquelle se livre l'auteur
du Mitacshara.

§. 1er. « A défaut de ces héritiers, les deux parents, c'est-
» à-dire, le père et la mère héritent.

§. 2. « Quoique l'ordre dans lequel les parents pren-
» nent la succession, n'apparaisse pas d'une manière bien claire
» (de la lettre du texte), puisqu'on y emploie un terme com-
» posé, qui indique les deux personnes à la fois et que l'omis-
» sion d'une partie de ce mot, donne un sens exceptionnel
» à ce terme composé: cependant comme le mot *mère* se ren-
» contre d'abord dans la phrase, à laquelle ce terme composé
» peut se réduire et d'ailleurs se trouve aussi le premier dans
» le terme régulièrement composé (Matapitarau) *mère* et *père*
» lorsqu'il n'est pas réduit à ce terme plus simple, (Pitarau)
» *parents* par l'omission de sa première partie; il suit de l'arran-
» gement des mots et de la signification qui en résulte, que la
» mère hérite d'abord et le père à son défaut. »

§. 3. « D'ailleurs, le père peut être parent commun d'en-
» fants issus d'autres femmes; mais la mère ne l'est pas, et puis-
» qu'elle est d'une parenté plus rapprochée, il convient qu'elle
» hérite d'abord, suivant le texte. « Au plus proche Sapinda,
» la succession revient ensuite. » (Manou). (¹)

(¹) *Manou.* 8. 187. « Au plus proche parent (*Sapinda*) *mâle ou femelle*
« appartient l'héritage. L'oiseleur. »

riorité du sexe masculin se déduit du texte de
Manou : « Dans une comparaison entre les sexes
» masculin et féminin, on doit reconnaître la supé-
» riorité du sexe masculin (¹). Il est plus conforme
» à l'intention du législateur que le droit du père
» ait la priorité sur celui de la mère.

§. 4. « D'ailleurs, le droit en vertu de parenté, n'est pas
» restreint aux (Sapindas *parents unis par des offrandes funé-*
» *raires*, il suit au contraire du texte même, que le droit résul-
» tant de la parenté, est efficace, sans aucune exception, dans
» le cas de *(Samanodacas) parents unis par des libations d'eau,*
» aussi bien que de tous autres, l'orsqu'ils paraissent avoir un
» droit à la succession. »

§. 5. « En conséquence, puisque la mère est le plus proche
» des deux parents, il convient qu'elle hérite d'abord, mais à
» son défaut, le père recueille la succession. »

Cette discussion peut paraître puérile, mais le résultat ne
l'est pas : car si la mère recueille la succession avant le père,
elle fait partie de ses propres et se transmet à sa propre famille,
comme nous l'avons vu dans la note précédente, du moins
dans les provinces qui suivent la doctrine du Mitacshara.
Aucune question de droit Hindou n'a été plus vivement controversée et surtout avec un résultat aussi peu satisfaisant : le
compilateur Jaganatha, après une longue discussion à ce sujet,
déclare que la question est indécise. En terminant cette note,
il est convenable de faire savoir que l'auteur du Smriti Chandrica, qui sur presque tous les points est d'accord avec le
Mitacshara, s'en écarte cependant ici et donne la priorité au
père. Je pense donc qu'à Pondichéry, il convient de rejeter
l'opinion, d'ailleurs contraire à nos idées du Mitacshara, et de
suivre la doctrine du Bengale, puisqu'elle est adoptée par l'auteur le plus respecté sur la côte Coromandel et qu'elle paraît
plus conforme à la raison et à l'équité.

(¹) « Si on compare le pouvoir procréateur mâle avec le
pouvoir femelle, le mâle est déclaré supérieur ».—Traduction de
M. Loiseleur Deslongchamps.

SECTION VI.

DROITS DE LA MÈRE.

§. 1er. A défaut du père, la succession appartient à la mère, conformément au texte de Vishnou cité : « S'il est décédé, ils appartiennent à la mère, etc. , » section 5 § 1er. (¹)

§. 2. Vrihaspaty dit aussi, « On doit considérer » la mère comme héritière du fils décédé, qui ne » laisse ni femme, ni postérité masculine, ou si elle « y consent, le frère peut prendre l'héritage, » car la mère confère des bienfaits au propriétaire décédé, par la naissance de son frère qui présente trois offrandes funéraires, au père, grand-père et bisaïeul du propriétaire décédé, qui y participe.

SECTION VII.

DROITS DU FRÈRE.

§. 1er. A défaut de la mère, l'héritage est recueilli par le frère germain (²) qui présente trois offrandes funéraires, au père, au grand-père et au bisaïeul du décédé, qui y participe.

§. 2. S'il n'existe pas de frère germain, les frères consanguins de la même classe que le décédé ont droit à la succession, puisque, eux aussi, présentent trois offrandes funéraires, au père et aux autres ancêtres déjà nommés, du propriétaire décédé, qui y participe, et parce que le texte de

---

(¹) C'est le texte qui a donné lieu à la discussion contenue dans la note précédente.

(²) *Frère germain* : j'ai douté si je devais employer le terme *germain* ou celui *d'utérin*, adopté en pareil cas par M. Loise-

Yaynyawalcya dit. « Les deux parents, les frères
aussi, etc., « section 2 § 1er. » La succession passe
aux fils nés d'une mère différente parce qu'ils sont
issus du même père.

§. 3. Ainsi, s'il y a deux frères, l'un germain
et l'autre consanguin, et si ni l'un ni l'autre n'était
commun en biens avec le propriétaire décédé, le
frère germain prend exclusivement les biens de
son frère germain décédé, conformément au texte :
» Un frère germain retiendra ou abandonnera la
» part de son frère germain. »

§. 4. Quant un frère consanguin commun, et un
frère germain non commun prétendent à une succession, ils doivent la partager également, conformément au texte. « Un demi-frère, étant réuni en
» communauté, peut prendre la succession. »

---

leur dans sa traduction du livre des lois de Manou et par tous
les traducteurs anglais qui se servent tantôt du mot *utérin*, tantôt de ceux, *sang entier*, comme expressions synonimes pour
le cas dont il s'agit, et qui employent toujours ceux de *demi-
sang*, lorsqu'ils veulent indiquer des enfants issus de même père
et d'une mère différente, et il est vrai de dire que les seconds
mariages étant si non absolument prohibés, au moins tout-à-fait
inusités parmi les femmes des Hindous, il en résulte que les utérins sont dans le fait toujours germains et par conséquent, on
peut sans grand inconvénient employer l'une ou l'autre expression, lorsqu'on veut indiquer des enfants issus du même père
et de la même mère. Cependant comme en français on a coutume
de désigner le *sang entier*, par le mot *germain* et le *demi-sang*
par ceux de consanguin ou d'utérin, suivant que les enfants
sont unis par le père ou par la mère, et que ce sont là les
expressions dont se sert le code civil, j'ai pensé qu'il convenait
également de les employer ici et j'ai été confirmé dans cette
pensée par un passage de Jagganatha et un texte de Devala,

§. 5. Quand un frère germain et un frère consanguin prétendent à une succession, l'un et l'autre ayant été en communauté avec le décédé, le
frère germain commun prend exclusivement la
succéssion, car dans ce cas il possède un double
titre, c'est-à-dire, sa qualité de germain et sa qualité de commun, conformément au texte. « Un frère
réuni conservera la portion de son co-héritier
réuni, qui est décédé.

§. 6. Le même ordre de succession, doit aussi
être observé, dans le cas de neveux issus de germains et de neveux de demi-sang.

SECTION VIII.

DROITS DU NEVEU.

§. 1er. A défaut de frères, le fils du frère germain
succède, et non pas un neveu de demi-sang qui

---

qui établissent qu'en cas de longue absence d'un mari, la femme
délaissée peut contracter un second mariage : il est évident
qu'une union de cette nature pourrait donner lieu à la naissance
d'enfants utérins qui ne seraient pas du *sang entier* et qui par
conséquent ne présenteraient pas les offrandes dont il est question ci-dessus. Je sais que l'on prétend que ce texte de Devala ne doit pas être suivi dans l'âge actuel et que cette
prescription, faite pour d'autres temps, est tombée en désuétude; mais c'est là une opinion controversée, puisqu'il est
de notoriété que tout dernièrement à Calcutta, une jeune veuve
Hindoüe vient de contracter un second mariage et d'ailleurs,
il ne serait pas difficile de supposer d'autres cas où il pourrait exister des enfants utérins qui n'auraient pas les droits
qu'il s'agit d'apprécier ici. Au surplus, le chapitre dix ci-après
du présent ouvrage a pour titre : *Du partage entre fils nés de
la même mère; mais de pères différents*, et c'est par cette
locution que l'auteur indique toujours les véritables enfants
utérins.

confère moins de bienfaits que le fils du frère germain, puisque la mère et la grand'mère du propriétaire décédé, ne participent pas aux offrandes
présentées par le neveu de demi-sang, au père et
grand-père du décédé (1).

§. 2. La participation de la mère, de la grand'
mère et de la bisaïeule aux offrandes funéraires
présentées par le sacrificateur à son père, grand-
père et bisaïeul, respectivement, est établie dans
le passage suivant de l'écriture sacrée. « La mère,
» participe à l'offrande funéraire, faite aux mânes
» de son époux, aussi la grand'mère et la bisaïeule
» (participent aux offrandes) » présentées au grand-
père et au bisaïeul.

§. 5. Si parmi les fils de frères germains, il y
en a de communs en biens et d'autres non communs, la succession appartient exclusivement aux
fils des frères communs.

F. grand-père.	B. grand'mère.	
E. père	A. mère	2e femme.
C.		
	ger‖main consan‖guin	
	o‖u o‖u	
propriétaire ┼ décédé	frère‖entier ┼ demi‖frère.	
	son‖fils D.‖son fils	

(1) Ici la mère A et la grand'mère B du propriétaire décédé
C, ne participent pas à l'offrande que le neveu de demi-sang
D, est tenu de présenter pour son grand-père E et son aïeul
F, puisque D descend par la ligne féminine d'une autre famille.

§. 4. De même, s'il existe des fils de frères communs et de frères non communs et que tous soient de demi-sang, la succession appartient aux fils de demi-sang, des frères communs.

§. 5. Mais, si le fils du frère germain n'était pas commun et que le fils du frère consanguin fut commun, ils héritent l'un et l'autre.

§. 6. Mais, si deux neveux étaient communs en biens avec le décédé, ou si ni l'un ni l'autre ne l'était et que l'un fut issu d'un frère germain et l'autre d'un frère consanguin, dans l'un et l'autre cas, le neveu issu du frère germain, du décédé, devrait recueillir la succession.

SECTION IX.

DROITS DU PETIT-FILS DU FRÈRE.

§. 1er. S'il n'y a pas de fils de frère, le petit-fils du frère est héritier, pour deux raisons; parce qu'il présente une offrande funéraire (à savoir) au père du décédé, c'est-à-dire, à son propre aïeul, à laquelle le propriétaire décédé participe, et parce qu'il est compris dans le degré de parenté, appelé « Sapinda. »

§. 2. Mais, les arrière-petits-fils de frères n'héritent pas puisqu'ils ne confèrent point de bienfaits, parce qu'ils ne sont parents qu'au cinquième degré du père du propriétaire décédé.

§. 5. Ici aussi, il faut observer la distinction de ceux qui sont issus de frères germains et de frères consanguins, d'après la règle établie pour les fils de frères.

SECTION X.

DES DROITS DU FILS, DE LA FILLE DU PÈRE ET DES AUTRES HÉRITIERS.

§. 1er. A défaut du petit-fils du frère, la succession appartient au fils de la fille du père, car il présente trois offrandes, savoir: aux père, grand-père et aïeul paternels du propriétaire décédé; c'est-à-dire, à ses propres grand-père, bisaïeul et trisaïeul maternels. (Suivant Acharya Chudamani) le fils de la sœur du propriétaire et le fils de sa demi sœur, ont un droit égal à l'héritage.

§. 2. A défaut du fils de la fille du père, le fils de la fille du frère hérite, car il présente deux gâteaux funéraires, auxquels le propriétaire décédé participe, savoir: au père et au grand-père paternel du défunt.

§. 3. A son défaut, le grand-père paternel est héritier; car de même qu'un père a droit à la succession à défaut d'héritiers plus proches que le fils de la fille, de même par une règle d'analogie la succession appartient au grand-père, à défaut d'héritiers moins éloignés que le fils de la fille du père; et aussi, parce qu'il présente une offrande (savoir à l'aïeul paternel du propriétaire décédé, c'est-à-dire, à son propre père) à laquelle le décédé participe.

§. 4. A défaut du grand-père paternel, la grand-mère paternelle hérite, suivant le texte de Manou. (1) « Le père et la mère prendront la succes-

---

(1) Manou 9. 217. « Si un fils meurt sans enfants *et sans laisser de femme, le père ou* la mère doit hériter de sa fortune; la mère elle-même, étant morte, que la mère du père *ou le grand-père paternel* prenne le bien au défaut de frères et de neveux. » Loiseleur.

» sion du fils qui meurt sans postérité *(et sans* » *veuve)*, et si la mère est aussi décédée, le grand- » père et la grand'mère paternels prendront la » succession, à *défaut de frères et de neveux* ». De même que la mère hérite à la mort du père, de même aussi, par la règle d'analogie, la succession doit être receuillie par la grand'mère paternelle, à défaut du grand-père paternel.

§. 5. A défaut de la grand'mère paternelle, l'oncle hérite, car il présente deux offrandes au grand-père paternel et au bisaïeul du propriétaire décédé, c'est-à-dire, à ses propres père et grand-père, auxquelles le décédé participe.

§. 6. A son défaut, la succession appartient au fils de l'oncle, car lui aussi, (comme son père) présente deux offrandes auxquelles le proprié-taire décédé participe, savoir: au grand père pa-ternel du propriétaire et à son bisaïeul paternel, c'est-à-dire), à ses propres grand-père et bisaïeul paternels.

§. 7. A son défaut, le petit-fils de l'oncle hérite, car il présente une offrande, savoir: au grand-père paternel du décédé, (c'est-à-dire) à son pro-pre bisaïeul paternel, à laquelle le décédé participe.

§. 8. Après le petit-fils de l'oncle, le fils de la fille du grand-père recueille l'héritage, parce qu'il présente deux offrandes auxquelles le proprié-taire décédé participe, savoir: au grand-père pa-ternel et au bisaïeul paternel du propriétaire; c'est-à-dire, à ses propres grand-père et bisaïeul maternels. Quoique le fils de la fille du grand-père qui présente deux offrandes auxquelles le propriétaire décédé participe, confère de plus grands bienfaits que le petit-fils de l'oncle, qui ne présente qu'une seule offrande à laquelle le décédé participe; cependant le droit de succéder appartient d'abord au petit-fils de l'oncle, parce qu'il est compris dans les degrés de parenté avec le décédé, nommés Sapindas.

§. 9. A défaut du fils de la fille du grand-père paternel, le fils de la fille de l'oncle hérite, parce qu'il présente deux offrandes auxquelles le propriétaire décédé participe, savoir: au grand-père paternel du décédé et à son bisaïeul, c'est-à-dire, à ses propres bisaïeul et trisaïeul maternels.

§. 10. Après eux viennent le bisaïeul paternel et la bisaïeule paternelle, parce que le propriétaire décédé participe aux offrandes présentées au bisaïeul paternel, et aussi à cause de la règle d'analogie déjà citée.

§ 11. Ensuite dans l'ordre, le frère du grand-père paternel, son fils et son petit-fils, car ils présentent une offrande, à laquelle le propriétaire décédé participe, savoir: au bisaïeul paternel du décédé.

§. 12. Ensuite le fils de la fille du bisaïeul paternel prend l'héritage, puisqu'il présente une offrande, à laquelle le décédé participe, savoir: au bisaïeul paternel du décédé, c'est-à-dire, à son propre bisaïeul maternel.

§. 13 Puis, la succession appartient au fils de la fille du frère du bisaïeul paternel, qui présente une offrande à laquelle le propriétaire décédé participe, savoir: au bisaïeul paternel du décédé, (c'est-à-dire) à son propre bisaïeul maternel.

§. 14. A son défaut, le grand-père maternel du décédé hérite.

§. 15. Après lui, l'oncle maternel, ses fils et petit-fils, car ce texte de Manou : « Des offrandes » d'eau doivent être faites pour trois ancêtres et à » ces trois un gâteau funèbre doit être présenté » (¹), comme celui-ci : « Ensuite l'héritage appartient au plus proche Sapinda » (²), qui établissent le droit de succéder suivant l'importance des bienfaits conférés au décédé, indiquent le droit des héritiers ci-dessus désignés, et le seul motif pour citer ces textes, dans un traité sur les successions, est de démontrer que le droit aux successions est en raison et suivant l'ordre des bienfaits conférés au propriétaire décédé : autrement, l'insertion de ces textes, dans un traité des successions, eut été inutile.

§. 16. A défaut du petit-fils de l'oncle maternel, le fils de la fille du grand-père maternel hérite.

§. 17. A son défaut, le bisaïeul maternel, ses fils, petit-fils ou arrière-petit-fils.

§. 18. A leur défaut, le fils de la fille du bisaïeul maternel hérite.

§. 19. Après lui, le trisaïeul maternel, ses fils, petit-fils ou arrière-petit-fils.

§. 20. A leur défaut, le fils de la fille du trisaïeul maternel prend la succession.

§. 21. S'il n'existe aucun héritier qui puisse présenter des offrandes, auxquelles le proprié-

---

(¹) Manou 9 : 186. « Des libations d'eau doivent être faites pour trois ancêtres, savoir : le *père le grand-père paternel et le bisaïeul* : un gâteau doit leur être offert à tous trois. Loiseleur.

(²) Manou 9 : 187. voir ci-après page 22.

taire décédé participe, la Saculya, ou parenté éloignée receuille l'héritage suivant le texte de Manou.
« Le parent éloigné sera l'héritier, ou bien le pré-
» cepteur spirituel, ou l'élève, ou le compagnon
» d'études du décédé » (¹).

§. 22. La Saculya ou parenté éloignée est de
deux espèces, la parenté ascendante et la parenté
descendante.

§. 23. La première comprend le fils de l'arrière-
petit-fils et les autres jusqu'à trois degrés en ligne
descendante. La seconde, le père du trisaïeul et
autres ancêtres, jusqu'à trois dégrés dans la ligne
ascendante.

§. 24. Ici, les parents éloignés de la ligne descendante recueillent d'abord la succession, suivant
leur rang respectif, puisque le décédé participe à
ce qu'ils peuvent encore présenter d'offrandes.

§. 25. A leur défaut les parents éloignés jusqu'au
troisième degré, dans la ligne ascendante, héritent suivant leur rang, puisque le propriétaire
décédé participe aux offrandes qui peuvent encore
être faites à son trisaïeul et autres ancètres, au
nombre de trois, et leurs descendants présentent
des dons à ces trois qui participent aux offrandes
que le decédé avait droit de présenter, de son vivant. Le texte de Vrihaspaty établit que « Lorsqu'il
» y a beaucoup d'alliés (Gnatayah) ou de parents
» éloignés (Saculya), celui qui est le plus proche doit

(¹) 9. 187. Manou. « Au plus proche parent (Sapinda) *mâle*
on femelle, appartient l'héritage *de la personne décédée*; au
défaut *des Sapindas et de leur lignée*, le Samanodaca,
ou parent éloigné sera l'héritier, ou bien le précepteur spirituel, ou l'élève du défunt. » Loiseleur.

» prendre les biens d'un homme décédé sans hé-
» ritiers mâles, » la proximité du sang s'apprécie
par l'étendue des bienfaits conférés au propriétaire décédé, comme cela est démontré par les textes
déjà cités.

§. 26. S'il n'existe pas de parents éloignés, de
l'espèce décrite, les *Samanodacas* ou parents alliés
par des libations d'eau offertes en commun, héritent, car on doit les comprendre dans le terme
Saculyah.

§. 27. Si ceux-ci manquent aussi, le précepteur
spirituel hérite.

§. 28. A son défaut le pupille hérite; car le
texte de Manou. « Ou bien le précepteur spirituel,
» ou l'élève » ([1]), établit l'ordre dans lequel ces
personnes héritent. Le précepteur spirituel dont
il est ici question, est celui qui donne l'instruction
religieuse à (son élève) après l'avoir revetu du cordon sacré, et c'est ce qui lui donne ce titre.

§. 29. A son défaut, le compagnon dans l'étude
des vedas, comme il est indiqué dans le texte de
Yajnyawalcya : « Un *pupille* et un compagnon
» d'études ».

§. 30. A son défaut, des personnes qui portent le même nom et habitent le même village
héritent.

§. 31. A leur défaut, des personnes qui habitent le même village et qui descendent du même
patriarche (de la même souche), succèdent suivant
le texte de Gautama : « Des personnes alliées par
» des offrandes funéraires, un nom semblable de

([1]) 0. 188. Voir ci-dessus, page 22.

» famille, par descendance d'une même souche,
» prendront la succession ».

§. 52. A défaut de tous les héritiers qui viennent d'être désignés, des brames habitant le même
village, instruits dans les trois vedas et distingués
par d'autres qualités; sont héritiers, car Manou ([1])
dit: « A défaut de toutes ces personnes, les heritiers
» légitimes sont des brames versés dans les trois
» vedas, purs d'esprit et de corps et maîtres de leurs
» passions, ainsi la vertu trouve sa récompense. »

§. 53. A leur défaut, la succession appartient
au roi, à moins qu'il ne s'agisse de l'héritage d'un
brame: d'après le texte de Manou « La propriété d'un
» brame ne doit jamais revenir au roi : ceci est une
» règle invariable ; mais, dans les autres classes, à
» défaut de tout héritier, le roi peut se mettre en
» possession » ([2]).

§. 54. A défaut d'un brame ayant les qualités
réquises, s'il s'agit de l'héritage d'un brame, un
brame d'un autre village recueille la succession et
non le roi ; c'est ainsi que la loi doit être comprise.

§. 55. Les biens d'un anachorète, d'un ermite,
ou d'un étudiant initié, doivent être recueillis par

([1]) Manou 9. 188. « Au défaut de toutes ces personnes,
» des Brahmanes versés dans les trois livres saints, purs d'es-
» prit et de corps, et maîtres de leurs passions, sont appelés
» à hériter, *et doivent en conséquence offrir le gâteau* ; de cette
» manière les devoirs funèbres ne peuvent pas cesser. » Traduction de M. Loiseleur.

([2]) Manou 9. 189. « La propriété des Brahmanes ne doit
» jamais revenir au roi: telle est la règle établie ; mais, dans
» les autres classes, au défaut de tout héritier, que le roi
» se mettre en possession du bien. » Loiseleur.

le frère spirituel, l'élève vertueux et le saint précepteur.

§. 56. Si tous ceux-ci manquent, *l'associé en sainteté*, c'est-à-dire, qui appartient au même *ordre*, hérite. Ainsi Yajnyawalcya a écrit : « Les » héritiers d'un ermite, d'un anachorète, d'un » étudiant initié, sont dans leur ordre, le précep- » teur, l'élève vertueux, le frère spirituel ou asso- » cié en sainteté ». *Ordre*: c'est-à-dire, *rapport*: ainsi le précepteur prend les biens de l'étudiant initié: l'élève vertueux, ceux de l'anachorète: le frère spirituel ceux de son associé en sainteté: comme celui qui fait le même pélérinage ou habite le même ermitage, succède au pelerin ou ermite.

§. 57. Il y a deux classes d'étudiants initiés, l'étudiant temporaire et celui qui s'est lié par des vœux perpétuels: le précepteur hérite des biens du dernier, car il a abandonné son père et les au- tres, en faisant vœu de résider pendant toute sa vie dans la famille du précepteur. Mais les biens du premier doivent appartenir à son père ou autres parents puisqu'il, n'a fait aucun vœu, et ne fré- quente son précepteur que dans le but de s'ins- truire.

CHAPITRE II.

DE L'ORDRE DE SUCCESSION AUX BIENS PARTICULIERS D'UNE FEMME.

SECTION Ire.

SUCCESSION AUX BIENS PARTICULIERS D'UNE FILLE.

§. 1er. Le frère germain hérite en premier lieu, des biens particuliers d'une fille ; à son défaut la mère, et ensuite le père : Nareda, dit : « Les biens » d'une fille décédée doivent être recueillis par les » frères germains, à leur défaut que la mère les » prenne, et si elle est morte que le père les re- » cueille. »

§. 2. Ceci se rapporte à des biens autres que ceux qui auraient été donnés à une fille par son fiancé, car le fiancé a droit de reprendre ce qu'il aurait donné lui-même. Le texte de Paithinasi porte : « Le fiancé prendra les présents qu'il aura faits. » Et celui de Nareda : « Que le premier » fiancé, à son retour, reprenne les présents qu'il » aurait offerts à une fille mariée depuis, et si elle » est décédée, qu'il reprenne également ce qu'il a » pu donner, en défrayant toutefois les dépenses » encourues ensemble. » (Voyez la note).

SECTION II.

DÉFINITION DES BIENS PARTICULIERS D'UNE FEMME MARIÉE.

§. 1er. Il faut d'abord définir les biens parti- culiers d'une femme, pour établir ensuite l'ordre de succession (¹) aux biens de cette nature, quand ils appartiennent à une femme mariée; à ce sujet, Nareda dit: « Ce qui a été donné devant le » feu nuptial, ce qui a été présenté pendant la » procession nuptiale, les dons de son mari, ce

(¹) L'ordre de succession aux biens particuliers d'une fille tel qu'il vient d'être réglé dans la section première, est reconnu par tous les auteurs et ne peut donner lieu à aucune discussion; mais il n'en est pas de même des principes établis dans les sections qui vont suivre: l'auteur du Daya Crama Sangraha, avec tous les disciples de l'école du Bengale divisant en trois classes les différentes propriétés qui peuvent appartenir à une femme, suivant l'époque à laquelle ces biens lui ont été dévolus ou suivant la personne dont elle les a reçus, et établissant pour ces trois cas, trois classes différentes d'héritiers; tandis que le Mitacshara confond tous ces biens qu'elle qu'en soit l'origine ou l'époque à laquelle la femme a pu les recueillir; et les assujétit tous à la même règle. De part et d'autre on cite des textes de Smritis à l'appui de ces opinions différentes et on se livre à une argumentation plus ou moins subtile et quelquefois bizarre pour tous autres que des indiens, et il faut convenir qu'ordinairement les raisons données par les disciples de l'école du Bengale paraissent plus logiques et leurs citations d'une application plus décisive que celles de leurs adversaires. Mais comme mon intention n'est pas de rechercher ici laquelle de ces deux écoles a le mieux compris la pensée du législateur, mais bien de faire voir le plus clairement et le plus succinctement qu'il me sera possible, quelle est l'opinion reçue dans les provinces de l'Est et quelle est celle adoptée dans le Midi et l'Ouest je crois qu'il convient de placer d'abord et sans interruption, le texte de Sricrisna, relatif à toutes les propriétés particulières des femmes et de le faire suivre immédiatement d'un article intercallaire, contenant aussi le texte du Mitacshara sur la même matière. De cette façon, la comparaison sera plus facile et les différences p'us apparentes. Je terminerai cette partie par un passage de l'ouvrage clair et concis de monsieur Strange, qui les fera ressortir plus évidemment encore et j'espère atteindre, par ce moyen, le but que je me propose.

» qu'elle a reçu de son frère, ou de ses père ou
» mère, compose les six espèces de biens parti-
» culiers d'une femme. »

§. 2. Ici, il ne faut pas croire que le nombre
six soit employé d'une manière restrictive, puisqu'il sera établi plus tard qu'il y a beaucoup d'espèces de propriétés particulières aux femmes.
Catyayana décrit ainsi un don devant le feu nuptial :
« Ce qui est donné aux femmes *à l'époque de leur*
» *mariage*, est considéré par les sages, comme
» propriété particulière donnée à une femme,
» devant le feu nuptial. »

§. 3. « *A l'époque du mariage*, » c'est-à-dire,
pendant la cérémonie commençant par les obsèques en l'honneur d'ancêtres décédés et finissant
par (l'Habivad), ou prosternement de l'époux aux
pieds de sa femme.

§. 4. Les biens reçus par une femme pendant
ce temps sont nommés Yautuca, *ou biens donnés*
au mariage, conformément au sens de la racine
Yu, qui signifie mêler, et le mélange auquel on
fait ici allusion, est celui qui résulte de l'union,
par le mariage de l'homme et de la femme, qui
deviennent pour ainsi dire un seul et même corps :
le passage suivant de l'écriture, ([1]) dit : « Ses os

([1]) *De l'écriture :* On donne le nom d'écriture ou d'écriture
sacrée aux textes des Vedas et des Puranas, mais plus particulièrement aux premiers qui ne peuvent être lus que par
les trois classes privilégiées. Dans le midi, les Puranas seulement
sont lus par les Kshatriyas et Vaiysias, et à peine y trouve-t-on
quelques brahmes qui lisent les Vedas ; il en est autrement à
Benarès.

4

» s'identifient avec ses os, sa chair avec sa chair,
» sa peau avec sa peau. »

§. 5. Vyasa dit aussi : « Tout ce qui est pré-
» senté lors des cérémonies, au fiancé, *(pour profi-*
» *ter à la fiancé)* appartient d'une manière absolue
» à la femme et ne sera pas partagé par les parents. »

§. 6. *Pour profiter à la fiancée.* Ce qui est
donné au fiancé; placé dans sa main, avec une
déclaration de la part du donateur, telle que celle-
ci. « *Que ceci appartienne à la fiancée,* » et non une
chose donnée, sans une déclaration de cette nature:
tel est le sens.

§. 7. Ainsi la phrare, *devant le feu nuptial*
qui se rencontre dans le premier texte et *époque
du mariage,* qui se voit dans le second, ont chacune un sens particulier. Puisque tout ce qui est
remis au fiancé avec l'intention d'en faire béné-
ficier l'épouse, devient la propriété de celle-ci, il
faut considérer cette intention comme le principe
de son droit. Le mot *fiancé* est donc employé ici
figurativement, car une chose remise dans les
mains de tout autre, avec cette intention, devien-
drait également la propriété exclusive de l'épouse.

§. 8. Catyayana définit un don présenté pendant la procession nuptiale: « cela aussi, qu'une
» femme reçoit pendant qu'elle est conduite de la
» maison *paternelle* à la demeure de son époux, est
» indiqué comme la propriété particulière d'une
» femme, sous la dénomination de don présenté
» pendant la procession nuptiale. »

§. 9. Le mot « *paternelle* » étant dérivé d'une
expression composée, dont une partie seulement

est énoncée ([1]), les présents qu'elle reçoit, soit de la famille de son père, soit de la famille de sa mère pendant qu'elle se rend à la demeure de son époux, sont des dons présentés à la procession nuptiale.

§. 10. *Les dons de son mari.* Cela veut dire les biens qui lui ont été donnés par son mari, comme il apparaît d'un texte de Catyayana : Qu'une femme « dispose des dons de son mari, comme elle l'en- » tendra, après sa mort; mais pendant sa vie, *qu'elle* » *les conserve avec soin, ou bien, qu'elle les confie* » *à la famille.* »

§. 11. Il ne faut pas prétendre que le mot *Daya (dons)* ici employé, se rapporte aux biens de son mari, car la dernière partie du texte cité « *Mais pendant sa vie qu'elle les conserve avecsoin,* » serait sans utilité; et d'ailleurs il est impossible que pendant la vie du mari, ses biens puissent être à la disposition de la femme.

§. 12. Et les termes : *les dons du mari,* ne s'appliquent pas non plus à l'héritage qui peut être dévolu à la femme, lors du décès de son époux, car ils sont employés dans un chapitre qui traite des biens particuliers des femmes et l'héritage de son mari qui lui serait dévolu ne lui constitue-rait pas un bien particulier. En supposant qu'il en fut ainsi, le verbe *Da* (donner) prendrait un sens métaphorique.

§. 13. « *Qu'elle les confie* » les dépose « *à la famille* » la famille de son mari, son jeune frère ou un autre.

§. 14. « *Ou bien,* » c'est-à-dire, si elle ne peut pas les conserver elle-même. Ainsi établit Yaynya-walcya.

([1]) Voyez la note page 10, chapitre 1er, section 5. § 2.

« Ce qui a été donné à une femme (avant ou
» après les cérémonies nuptiales) par le père, la
» mère, le mari ou le frère, ou ce qui a été reçu par
» elle devant le feu nuptial, ou qui lui a été donné
» lors du mariage de son mari avec une autre
» femme, comme aussi toute autre acquisition
» séparée, constitue les propres d'une femme. »

§. 15. Ce qu'un homme donne pour contenter sa femme, lorsqu'il désire en épouser une autre,
est nommé *don lors d'un second mariage*, puisque cela est donné pour obtenir une autre femme.

§. 16. Devala, dit : « Sa subsistence, ses orne-
» ments, son *casuel* et ses *gains*, sont la propriété
» particulière d'une femme : elle en jouit exclusive-
» ment et son mari n'a pas le droit de se l'appro-
» prier, excepté dans le cas d'extrême besoin ;
» *subsistance*, nourriture et vêtements.

§. 17. Catyayana définit le *casuel* : « Tout ce qui
» a été reçu comme récompense d'ouvriers construc-
» teurs de maisons : *meubles, bestiaux de charge,
» animaux laitiers*, ou ornements, s'appelle *casuel*. »
On appelle *casuel*, ce qu'une femme peut recevoir
pour influencer son mari, un architecte ou un
artiste, pour qu'il termine promptement son
ouvrage : en effet, c'est la récompense qu'on lui
donne pour qu'elle fasse travailler son mari.

§. 18. « *Meubles*, » balais, etc. « *Bestiaux de
charge* » bœufs, etc. *Animaux laitiers*, vaches
laitières, etc. « *Gains* » un trésor découvert.

§. 19. Ainsi l'établit Vishnou : « Ce qui a été
» donné à une femme par son père, sa mère, son
» fils ou son frère ; ce qu'elle a reçu devant le feu

» nuptial ce qui lui a été donné lors du mariage
» de son mari avec une autre femme, ce que ses
» parents lui ont donné, aussi bien que son *casuel*
» et un don subséquent, constitue ses biens par-
» ticuliers. » Par « *ses parents* » on indique ses
oncles paternels.

§. 20. Devala définit un *don subséquent*: Ce
« qu'une femme a reçu de la famille de son mari,
» postérieurement à son mariage, est appelé un
» don subséquent et aussi ce qu'elle a reçu de la
» même manière de la *famille de ses propres parents*:
» tout ce qu'une femme reçoit après son mariage,
» de son mari ou de ses propres parents, est rangé
» par Brigou parmi les dons subséquents. »

§. 21. *De la famille de ses propres parents*: dans
ces mots sont compris son père et sa mère.

§. 22. Ainsi tout ce qu'elle peut avoir reçu, postérieurement au mariage, de personnes qui lui
étaient alliées par son mari, telles que son beau-
père et autres, ou par son père ou sa mère, à savoir:
ses grands-pères paternel et maternel, est nommé
don subséquent. Tel est le sens du premier texte,
et celui du second est que tout ce qu'elle a reçu
soit de son mari, soit de ses propres parents, est
aussi appelé un *don subséquent*.

§. 23. Puisque différents sages ont établi que les
biens particuliers des femmes peuvent être de nombreuses espèces, le nombre six, indiqué dans le
texte de Nareda, ne doit pas être pris à la lettre, et
tous ces différents textes en général doivent être
reconnus comme détaillant les propres des femmes.

§. 24. On peut donc brièvement définir les propres des femmes : toute espèce de biens dont elles ont droit de disposer, à leur volonté, indépendamment de tout contrôle de leurs maris, tel que ce droit est établi dans la loi que Catyayana a proclamée.

§. 25. « Ce qu'une femme peut gagner par des » arts mécaniques, ou ce qu'elle a reçu par affec- » tion, *de tout autre* (que de ses parents), appar- » tient toujours au mari : *il a été décidé que le* » *reste est la propriété de la femme.* »

§. 26. « *Tout ce qu'une femme mariée*, ou une « fille *reçoit*, dans la maison de son époux ou de » son père, de ses parents, est appelé *don de parents* » *affectionnés* : il faut reconnaître le pouvoir absolu » et indépendant des femmes qui ont reçu de tels » présents, sur ce genre de propriété, car elle leur » a été donnée pour leur consolation et pour leur » entretien. On a de tout temps proclamé le pouvoir » des femmes sur les *dons de* leurs parents affec- » tionnés, tant pour les donner que pour les vendre, » suivant leur plaisir, *même lorsqu'il s'agit d'im-* » *meubles.* »

§. 27. Il explique le sens des mots « *le reste* » (§. 25) par le texte qui suit (§. 26) : « Tout ce qu'une » femme mariée reçoit, etc. »

§. 28. « *De tout autre :* » Le mari peut disposer de tout ce qu'une femme reçoit *de tout autre* que de la famille de son père, de sa mère ou de son mari ; ou de tout ce qu'elle peut gagner par l'exercice d'un art, comme en dessinant, ou en filant ; il a le droit de l'employer, même hors le cas de détresse.

§. 29. Ainsi, quoiqu'une femme soit proprié- taire de ces deux espèces de biens, elle n'a pas toujours le pouvoir indépendant d'en disposer : au contraire, il apparaît du texte, que le mari a une certaine autorité à raison de ces biens, la femme ne pouvant en disposer qu'avec son autorisation.

§. 50. « *Il a été décidé que le reste est la pro-* » *priété* de la femme ; » c'est-à-dire, que la femme peut l'aliéner à sa volonté. « *Tout ce qu'une femme* « *reçoit :* » c'est-à-dire, ce qui peut être reçu par une femme mariée, de la famille de son mari, ou de la famille de ses propres parents, et par une fille, de la famille de ses parents, est le *don de parents affectionnés;* tel est le sens : «*pour leur consolation,*» c'est-à-dire, par affection.

§. 51. « *Même lorsqu'il s'agit d'immeubles :* » ceci se rapporte à des immeubles autres que ceux qui lui auraient été donnés par son mari, d'après le texte de Nareda : « Après la mort de son mari, une » femme peut donner ou consommer à son plaisir » ce qu'elle *en a reçu par affection.,* excepté les. » immeubles ».

§. 52. Puisque *ce qu'elle en a reçu* est ici spé-cifié d'une manière distincte, il suit que le texte, en termes généraux de Catyayana, ci-dessus rap-porté, doit être considéré comme applicable aux immeubles autres que ceux donnés par le mari, con-formément au principe qui admet des cas excep-tionnels, quoique contraires à une règle générale.

§. 55. Mais à une époque d'extrême disette, ou dans tout autre cas analogue, si le mari ne peut pourvoir à sa subsistance, sans employer les biens particuliers de sa femme, il lui est permis de les prendre, quoique ils proviennent des *dons de. parents affectionnés.*

Yajnyawalcya l'a établi dans ce texte : « Un mari
» n'est pas obligé de remplacer les biens de sa femme
» s'il les a pris dans un temps de famine, pour s'ac-
» quitter d'un devoir funéraire, pendant une mala-
» die ou *pendant une détention* ».

§. 54. « *Pendant une détention.* » Exercée contre lui par un créancier, ou autre, pour le recou-
vrement de ses droits, le mari se trouvant pendant
ce temps, privé d'ablutions, d'aliments, etc., etc.
Catyayana a déclaré que le mari n'avait aucunement le droit d'employer les biens particuliers de
sa femme, hors le cas d'une calamité telle que la
famine ou autre.

§. 55. « Ni le mari, ni le fils, ni le père, ni les
» frères ne peuvent assumer sur eux le droit de
» prendre ou de disposer des propres d'une femme :
» si une de ces personnes, par violence, dispose
» des biens d'une femme, elle sera contrainte de
» les rendre avec intérèts et sera condamnée à une
» amende. Si une de ces personnes, ayant obtenu
» le consentement de la femme, emploie tout ou
» partie de cette espece de biens, elle sera *seulement*
» *tenue de rembourser le capital* lorsqu'elle se sera
» enrichie; *mais si* le mari prend une seconde
» femme et qu'il cesse d'entourer la première des
» égards qui lui sont dus, il sera contraint de lui
» rendre ses biens, quoiqu'elle les lui ait volontai-
» rement confiés. Si on lui refuse les *aliments*, le
» *vêtement* et le *logement*, elle peut exiger qu'on
» lui en fournisse convenablement et prendre une
» part (des biens) avec les cohéritiers. »

§. 56. *Restituer avec intérêts* ». C'est-à-dire, que
les biens particuliers d'une femme, pris par violence,

(¹) en forme d'emprunt, doivent être restitués avec intérêts. Les mots, *avec intérêts* (Savriddhim) ne doivent pas être pris pour un synonime de (Striddhun) *biens particuliers des femmes*, car s'il en était ainsi, le mot serait écrit (Savriddhi).

§. 37. « *Seulement le capital :* » Ici, l'insertion du mot *seulement*, est faite pour exclure le (payement) d'intérêts.

§. 58. « *Mais si* etc: » le sens est que si un mari après avoir dissipé les biens particuliers d'une femme, habite avec une autre et néglige la première, l'autorité régnante doit le contraindre à restituer ces biens, même lorsqu'ils auraient été prêtés volontairement.

§. 59. « Les *aliments*, le *vêtement*, etc. » Si le mari refuse à la femme les choses nécessaires à la vie : la nourriture et l'habillement ; elle peut, si sa conduite est irréprochable, exiger les *aliments* et le *vêtement*, car ils lui sont dus.

§. 40. « Le *logement :* » une habitation.

§. 41. « *Une part :* » c'est-à-dire, à la mort du mari elle recevra des cohéritiers de celui-ci, son jeune frère et les autres, la part qui appartenait au décédé. Que ceci suffise ; de plus amples détails seraient superflus : ainsi, le sujet en question est expliqué.

SECTION III.

SUCCESSION AUX BIENS PARTICULIERS DES FEMMES, REÇUS A LEURS CÉRÉMONIES NUPTIALES.

§. 1er. Les propriétés particulières des femmes

(¹) On ne parle ici que de violence morale résultant du fait de s'être servi de la chose empruntée, sans le consentement de la femme.

étant ainsi définies, il faut maintenant montrer les droits à la succession de ces biens, après le décès d'une femme.

§. 2. Relativement aux biens reçus lors du mariage « YAUTUCA, » la fille non-fiancée hérite d'abord. Un texte de Manou l'établit : « Tout ce qui a été » donné à la mère lors de son mariage, revient par » héritage à *sa fille non mariée* » (¹).

§. 3. A défaut d'une fille non-fiancée, la succession appartient à une fille fiancée; et à son défaut, les filles mariées qui ont et celles qui peuvent avoir des enfants mâles héritent, ensemble.

§. 4. Un texte de Gautama établit que la succes-

(¹) L'auteur n'indique pas où se trouve le passage de Manou, mais il se rencontre au chapitre 9 § 131 : j'ai suivi la traduction de M. Loiseleur Deslongchamps; mais peut-être vaudrait-il mieux dire, *à sa fille non-fiancée*, car il y a littéralement, *à sa fille vierge*, et les auteurs indiens ne se servent ordinairement de cette expression que pour indiquer les filles qui ne sont ni mariées ni fiancées; les fiançailles étant chez eux véritablement un premier mariage, dont le contrat est indissoluble lorsque les époux ont *fait le septième pas*. Le second mariage, qui a lieu lorsque la mariée a atteint l'âge nubile, n'est guère qu'une cérémonie confirmative du premier, ayant beaucoup d'analogie avec le *domi ductio* des romains, cérémonie qui, chez ces derniers, était nécessaire pour compléter le mariage, la femme n'ayant auparavant que le titre de *Sponsa* et ne devenant vraiment épouse qu'après avoir été conduite au domicile de son mari : *Uxor statim atque ducta est, quamvis nunquam in cubiculum mariti venerit*. Il est si vrai que chez les Indiens ces fiançailles sont un véritable mariage, que les filles sont considérées comme veuves lorsque le fiancé vient à décéder avant la cérémonie de la procession nuptiale. Cette traduction serait d'ailleurs plus en harmonie avec les distinctions établies par Sricrisna; le lecteur appréciera.

sion d'une femme, appartient à ses *filles* non-fiancées et à celles non encore mariées.

§. 5. Ici, par le mot *filles*, le droit de succéder
de toutes les filles est établi, en général, et la mention qui suit, *non-fiancées*, etc., a son utilité en ce
qu'elle montre l'ordre dans lequel elles héritent,
et par conséquent la fille non-fiancée hérite d'abord,
ensuite celle qui est fiancée, c'est-à-dire, dont la
foi est promise; à son défaut les filles mariées, de
la manière ci-dessus établie, et lorsqu'il n'y en a
pas, les filles veuves et stériles. Tel est le sens du
texte.

§. 6. Cependant, à la mort d'une fille non-fiancée
ou d'une fille fiancée qui aurait recueilli la succession, et qui s'étant mariée postérieurement n'au-

En faveur de ceux qui ne sauraient pas bien exactement ce
que l'on doit entendre par le *septième pas*, peut être me par-
donnera-t-on ici une petite digression ayant pour but de faire
connaître la cérémonie des fiançailles.

La vierge, c'est-à-dire, la future épouse, adore le soleil
sous la forme du feu: le futur époux se rend processionnel-
lement à la maison habitée par le père de la future, où il
est reçu. Le père lui donne sa fille, avec les formes usitées
pour toute autre donation, et on entoure les têtes des époux
d'un lien de cousa. L'époux revêt la future du vêtement nuptial et on lie l'extrémité de son propre habillement à celle
du vêtement de la future. Le fiancé présente des offrandes
au feu et la fiancée y laisse tomber des grains de riz, comme
offrande. Le fiancé prend sa main en signe de consentement
à l'union maritale. Elle pose le pied sur une pierre, ils mar-
chent autour du feu; la fiancée conduite par le fiancé *fait
sept pas*, ensuite les spectateurs sont congédiés, le mariage
étant complet et irrévocable.

On pourra trouver dans l'ouvrage de Dubois, des détails
beaucoup plus amples sur les cérémonies qui accompagnent
les mariages Hindoux.

rait pas eu d'enfants, ou à la mort d'une veuve
qui n'aurait pas eu de postérité du sexe masculin,
l'héritage qui aurait ainsi passé de la mère à la
fille, reviendrait aux sœurs ayant, ou pouvant
espérer des héritiers mâles ; et à leur défaut, aux
filles stériles ou veuves, et non au mari de la fille
qui aurait d'abord receuilli la succession, car le
droit du mari ne porte que sur les biens particuliers
de sa femme, et des propriétés qui auraient été
transmises de cette façon de l'une à l'autre, ne
doivent pas être considérées comme des biens particuliers : c'est ainsi qu'il faut décider.

§. 7. Le droit des filles stériles ou veuves, à
une succession, quoiqu'elles ne confèrent aucun
bienfait direct par l'intermédiaire de leurs fils, se
tire du texte de Gautama cité, qui déclare que le
droit d'hériter appartient aux filles en général,
mariées ou non-mariées.

§. 8. A défaut de filles, le fils a droit à l'héritage
car le texte de Yajnyawaleya établit le droit du fils
de succéder à défaut de filles, par les mots *héritiers mâles*, qui se rencontrent dans le texte suivant : « Les filles partagent ce qui reste des biens
» de leur mère, après le payement des dettes; à leur
» défaut, les héritiers mâles succèdent, » et parceque le fils confère plus de bienfaits que tout autre.
Le texte de Bhaudhayana, déclare aussi, « que lorsqu'il existe un héritier mâle les biens lui reviennent. »

§. 9. A défaut de fils, le fils de la fille hérite :
car il est raisonnable que puisque le droit de la fille
est préféré à celui du fils, le fils du fils ainsi re-
poussé, soit exclu par le fils de la personne qui
avait le droit de primauté.

§. 10. A défaut du fils de la fille, le fils du fils hérite, et à son défaut, le petit-fils dans la ligne masculine, à cause des bienfaits qu'il confère.

§ 11. A défaut d'un petit-fils dans la ligne mas- culine le fils d'une femme contemporaine (¹) (rivale) hérite, car le texte de Vrihaspati l'établit : « La » sœur de la mère, la femme de l'oncle maternel, » la femme de l'oncle paternel, la sœur du père, » la belle-mère et la femme du frère aîné, sont » assimilées à des mères. Si elles ne laissent pas » *d'héritiers de leurs corps, ni fils (d'une femme* » *comtemporaine)* ni fils de fille, ni fils de ces » personnes, le fils de la sœur et les autres pren- » dront la succession. »

§. 12. Le mot *fils* qui se trouve dans ce texte, *(ni fils)* y est placé pour établir le droit à la suc- cession du fils d'une femme contemporaine, ou rivale, autrement il serait inutile comme syno- nime du mot Uorusa, qui signifie *héritier légitime;* et il s'en suivrait que les jeunes frère du mari de la femme et les autres, auraient droit à l'héritage, malgré l'existence du fils d'une femme contempo- raine.

§. 13. A défaut d'un fils de la femme contem- poraine, son petit-fils hérite, et à son défaut, son arrière-petit-fils, puisqu'ils présentent l'un et l'autre des offrandes à son mari, auxquelles la décédée participe.

§. 14. A défaut de tous ces héritiers, si les biens avaient été donnés à la femme pendant des céré-

(¹) On entend par femme contemporaine ou rivale, celle avec laquelle un Hindou se marie du vivant de sa première épouse, parce qu'en effet elles sont contemporaines.

monies nuptiales, célébrées suivant les formes
appelées Brahma, Daïva, Arsha, Gandharva ou
Prajapatya (¹), son mari est apte à recueillir la
succession, car Manou a dit : « Il a été décidé que
» tous les biens d'une femme mariée, suivant les
» modes de Brahma, Daïva, Arsha, Gandharva, ou
» Prajapatya, doivent revenir à son mari, si elle
» meurt sans postérité » (²).

§. 15. A défaut de son mari, le frère de la décédée, succède, suivant le texte de Yajnyawalcya.
» Ce qui lui a été donné par sa *parenté*, aussi bien
» que son *casuel* et tout ce qui lui a été donné

(¹) *Brahma;* etc. Daïva ou des dieux ; Arsha ou des saints,
Gandharva ou des musiciens célestes ; Prajapatya ou des créateurs : au sujet de ces formes de mariage, on lit dans Manou,
livre troisième :

§. 27. Lorsqu'un père, après avoir donné à sa fille une
robe et des parures, l'accorde à un homme versé dans la
sainte écriture et vertueux, qu'il a invité de lui-même et qu'il
reçoit avec honneur, ce mariage légal est dit celui de Brahma.

§. 28. Le mode appelé divin (Daïva) *par les Mounis*, est
celui par lequel la célébration d'un sacrifice étant commencée,
un père, après avoir paré sa fille, l'accorde au prêtre qui
officie.

§. 20. Lorsqu'un père accorde, suivant la règle, la main
de sa fille, après avoir reçu du prétendu une vache et un
taureau, ou deux couples semblables, pour l'accomplissement
d'une cérémonie religieuse *ou pour les donner à sa fille, mais non*
comme *gratification*, ce mode est dit celui des saints (Arsha).

§. 32. L'union d'une jeune fille et d'un jeune homme résultant d'un vœu mutuel, est dite le mariage des musiciens célestes :
née du désir, elle a pour but les plaisirs de l'amour.

(²) 0. 196. Il a été décidé que tout ce que possède une
jeune femme mariée, suivant les modes de Brahma, des dieux,
des saints, des musiciens célestes, ou des créateurs, doit revenir à son mari, si elle meurt sans laisser de postérité. Loiseleur.

» depuis le mariage, revient à ses propres parents,
» si elle meurt sans postérité. »

§. 16. Le mot *parenté* s'applique aux père et
mère et conséquemment les frères sont compris
dans le mot *parents.* Catyayana le déclare ainsi quand
il dit : *Les immeubles* qui auraient été donnés par
» des parents à leur fille, appartiennent *toujours*
» à son frère, si elle meurt sans postérité. » Ici,
puisque les mots, les *immeubles* sont employés,
il faut aussi entendre tous autres biens, suivant
l'argumentation tirée de l'exemple *du pain et du*
bâton (¹). C'est ainsi que le comprend le Daya Bhaga.
L'emploi du mot *toujours*, fait comprendre que
cette règle s'étend aux huit modes de mariage,
celui de Brahma et les autres.

§. 17. « *Casuel.* » Ce mot à déjà été expliqué aussi
bien que celui de « *don subséquent.* » A défaut du
frère, la succession appartient à la mère, et à son
défaut au père. Un texte de Catyayana porte :

_____

(¹) Il est souvent question de cet exemple du pain et du
bâton, mais nulle part on ne trouve une explication intelligible de ce que cela veut dire. Il est probable que l'ouvrage
très-ancien qui, le premier en a fait mention, n'existe plus
et que les auteurs postérieurs, dont les écrits sont aujour-
d'hui à notre disposition, n'ont pas jugé utile de transcrire
en termes formels, ce qui était sans doute alors un axiôme
connu. Les uns pensent, dit M. Colebrooke, que cela veut
dire raisonnement tiré d'analogie, d'autres que le sens est
argumentation à fortiori, mais ce ne sont là que des con-
jectures, quelques auteurs l'expliquent ainsi : « un bâton au-
» quel un pain était attaché est pris par des voleurs, on en
» doit conclure que les voleurs ont pris le pain aussi. » Ou bien :
« un pain était attaché à un bâton, on s'aperçoit que le bâton
» a été rongé par des rats et le pain a disparu : on en conclut
» que les rats l'ont mangé. »

» *Le casuel d'une fille* appartient par succession à
» ses frères utérins ; à leur défaut la mère hérite,
» et après elle, le père : *quelques-uns pensent* que
» le père hérite d'abord. »

§. 18. « *Le casuel d'une fille* : » c'est-à-dire, ses
biens appartiennent d'abord à ses frères utérins ;
à leur défaut, ils vont à la mère ; et après elle au
père. « *Quelques-uns pensent,* » etc., c'est-à-dire,
d'après l'interprétation de quelques personnes,
mais dans notre opinion le père hérite le premier
et la mère après lui : tel est le sens.

§. 19. Mais si des biens avaient été donnés à
une femme lors de la célébration de son mariage,
d'après l'un des trois modes dénommés, Pesacha,
Rakhusa ou Asura ([1]), alors à défaut de l'arrière-
petit-fils d'une femme contemporaine, la succession doit être recueillie d'abord par la mère, et
ensuite par le père. Car le texte de Manou l'établit :
« mais il est ordonné que ce qui lui a été offert à
» son mariage fait selon le mode nommé Asura,
» ou selon les deux autres modes, devienne la pro-

([1]) Pesacha, ou des vampires; Rakhusa, ou des géants ; et
Asura ou Asoura, des mauvais génies.

§. 34. Lorsqu'un amant s'introduit secrètement auprès
d'une femme endormie, énivrée par une liqueur spiritueuse,
ou dont la raison est égarée, cet exécrable mariage, appelé
mode des vampires (Pesacha), est le huitième et le plus vil.

§. 33. Quand on enlève par force de la maison paternelle,
une jeune fille qui crie au secours et qui pleure, après avoir
tué ou blessé *ceux qui veulent s'opposer à cette violence*, et fait
brèche *aux murs*, ce mode est dit celui des géants (Rakhusa.

§. 31. Si le prétendu reçoit de son plein gré la main d'une
fille, en faisant aux parents et à la jeune fille des présents
selon ses facultés, ce mariage est dit celui des mauvais génies
(Asura). Manou, livre 3.

» priété de la mère et du père, si elle meurt sans
» enfants » (¹).

§. 20. Ici, l'on s'est servi à dessein du mot composé ainsi (Matapitarau), afin d'indiquer l'ordre de
succession, car si l'on eut voulu établir que le
père et la mère héritaient ensemble, on eut employé
le mot (Pitarau) (²).

§. 21. A défaut du père, le frère hérite et à défaut
du frère, la succession appartient au mari, suivant ce texte de Catyayana : « Ce qui lui a été donné
» par ses *parents, à défaut* de *membres de sa famille,*
» appartient à son mari. »

§. 22. « *Parents.* » Père et mère : « *A défaut* de
» *membres,* » etc. Par ces mots il faut comprendre
le défaut d'un frère : parce que (dans le cas de biens
reçus par une femme, lors de son mariage célébré
d'après un des cinq modes appelés Brahma, etc.,)
les père et mère n'héritent que lorsqu'il n'existe
pas de frères.

SECTION IV.

ORDRE DE SUCCESSION AUX BIENS PARTICULIERS DES FEMMES, QUI NE LUI ONT PAS ÉTÉ DONNÉS LORS DU MARIAGE.

§. 1er. L'ordre de succession qu'il faut observer pour les biens particuliers des femmes, en général, soit Yautuca, soit Ayautuca, à défaut de tous
les héritiers indiqués, sera établi plus tard; mais

(¹) 9. 107. Mais il est ordonné que toute la fortune qui
a pu lui être donnée à un mariage selon le mode des mauvais
génies, ou selon les deux autres modes, devienne le partage
du père et de la mère, si elle meurt sans enfants. Lo iseleur

(²) Voyez à ce sujet la note (¹) page 10.

d'abord nous allons traiter de l'ordre de succession aux biens particuliers des femmes, autres que ceux reçus lors de son mariage : Ayautuca.

§. 2. Lorsqu'il s'agit de biens particuliers d'une femme, autres que ceux qu'elle a reçus à son mariage et autres que ceux que son père lui a donnés, soit à son mariage, soit à toute autre époque ; le fils et la fille non mariée héritent concurremment.

§. 5. Ceci est établi par la première partie du passage suivant de Devala. « Les biens particuliers » d'une femme, appartiennent *en commun*, à sa » mort, *à ses fils, et à ses filles non mariées ;* mais » si elle ne laisse pas de postérité mâle, son mari, » sa mère, son frère ou son père les receuillent. »

§. 4. Puisque les mots *fils et filles non mariées* sont compris dans le mot composé (Dwundwu) et puisqu'on emploie aussi ceux-ci « *en commun :* » il en résulte que le fils et la fille non mariée, ont un droit égal à la succession, et qu'à défaut de l'un des deux, les biens doivent être recueillis par l'autre.

§. 5. A défaut des deux, la succession appartient également à la fille mariée qui a, et à la fille mariée qui peut avoir des enfants mâles, d'après ce texte de Nareda : « A défaut de fils, que la fille » prenne la succession, car l'un et l'autre sont issus » du même corps » et parce que des offrandes aux obsèques solennelles, sont présentées par la fille, par l'intermédiaire de son fils, au mari de la femme, auxquelles cette dernière participe : (c'est-à-dire, des offrandes sont présentées, par le fils de la fille, à son propre grand-père maternel.

§. 6. A défaut de l'un de ces deux, l'autre hérite et à défaut des deux, le fils du fils a droit à la succession, car il présente une offrande aux obsèques solennelles, au mari de la femme, à laquelle elle participe.

§. 7. A défaut du fils du fils, le fils de la fille hérite; car il est raisonnable, puisque le droit de la fille mariée est primé par le fils, que le fils de la fille ainsi primée, soit exclu par le fils de la personne qui l'excluait elle-même, et un texte de Manou dit: (¹) « Le fils d'une fille délivre son » grand-père dans l'autre monde, *comme le fils* » *d'un fils.* »

§ 8. « *Comme le fils d'un fils*: » De cette expression il résulte qu'il n'y a plus lieu à controverse; le fils de la fille a droit d'hériter après le fils du fils.

§. 9. A son défaut, l'arrière-petit-fils dans la ligne masculine, hérite. S'il n'y en a pas, le fils d'une femme contemporaine, son petit-fils et son arrière-petit-fils, dans la ligne masculine, puisque tous présentent des offrandes funéraires au mari de la femme, auxquelles celle-ci participe.

§. 10. Après tous ceux-ci, la fille stérile et la fille veuve héritent concurremment, car elles font partie de la postérité de la femme, et le droit du mari n'échet qu'à défaut de toute postérité en

---

(¹) Manou 9. 139. Dans le monde, il n'y a aucune différence entre le fils d'un fils et celui d'une fille, *chargée de l'office mentionné*: Le fils d'une fille délivre son grand-père, dans l'autre monde, aussi bien que le fils d'un fils. Loiseleur.

général, Manou dit que les biens *d'une femme sans enfants*, mariée suivant le mode de Brahma et les autres quatre modes, appartiennent au mari (¹).

§. 11. Si l'une de celles-ci manque, l'autre hérite, et à défaut d'héritiers y compris les filles stériles ou veuves, la succession passe, suivant l'ordre déjà indiqué par la règle d'analogie, comme dans le cas de biens reçus aux cérémonies nuptiales, savoir: au mari de la femme, à son frère, sa mère et son père, si elle était mariée suivant l'un des trois modes de Brahma, etc.: ou, si elle était mariée suivant l'un des trois modes nommés Asura, etc., à sa mère, son père, son frère et son mari.

§. 12. L'ordre à suivre à défaut de tous ces héritiers, sera ci-après établi.

SECTION V.

SUCCESSION AUX BIENS PARTICULIERS D'UNE FEMME, DONNÉS PAR SON PÈRE.

§. 1er. Les biens donnés par son père, à une femmes, soit lors de son mariage, soit avant, soit après, appartiennent en premier lieu à sa fille non mariée.

§. 2. Après elle, une fille mariée qui a des enfants mâles et une fille mariée qui peut en avoir, héritent concurremment.

§. 5. Ensuite la succession appartient aux filles stériles, et aux filles veuves, et à défaut de filles, les fils et les autres héritent: Manou dit; « *Le*

(¹) O. 100: C'est le passage cité, page 42, § 14.

» *bien qui a été donné*, n'importe comment par son
» père à une femme, doit appartenir à la *fille*
» *Brahmine* ou à sa postérité ([1]).

§. 4. Ici, par les mots, « *le bien qui a été*
» *donné par son père*, » on veut dire que tout ce
qui a été donné par le père, même à une époque autre que celle du mariage, appartient d'abord
à la fille et passe après elle à sa postérité : à son fils.

§. 5. L'expression *fille Brahmine*, est employée
ici comme exemple (Anoovadu), c'est ainsi que l'entend le Daya Bhaga.

SECTION VI.

SUCCESSION AUX BIENS PARTICULIERS D'UNE FEMME, EN GÉNÉRAL,
A DÉFAUT DE TOUS LES HÉRITIERS DÉJA DÉSIGNÉS.

§. 1er. A défaut de tout héritier jusqu'au père
inclusivement, lorsqu'il s'agit de biens reçus à
un mariage solennisé suivant un des cinq modes
nommés *Brahma* et les autres, et à défaut d'héritiers jusqu'au mari inclusivement, s'il s'agit de
biens reçus lors d'un mariage célébré suivant l'un
des trois modes appelés Asura, etc., comme aussi
lorsqu'il s'agit de toute autre espèce de biens particuliers des femmes : la succession appartient au
jeune frère du mari ; car le droit du jeune frère du

([1]) 9. 198. Tout le bien qui peut avoir été donné, n'importe dans quel temps par son père, à une femme *de l'une
des trois dernières classes*, et dont *le mari, qui est un Brâhmane,
a d'autres femmes*, doit revenir, *si elle meurt sans postérité*,
à la fille d'une Brâhmani ou à ses enfants. Traduction de
M. Loiseleur.

mari et des autres, pour ce cas, a été établi par *Vrihaspati* dans le texte suivant : « La sœur de la » mère, la femme de l'oncle maternel, la femme » de l'oncle paternel, la sœur du père, la belle-mère » et la femme du frère aîné, sont assimilées à des » mères : Si elles ne laissent pas d'*héritiers de leurs* » *corps*, ni de fils (d'une femme contemporaine), *ni* » de fils de fille, ni de fils de ces personnes, le fils » de la sœur et les autres prendront la succession. »

§. 2. L'expression (Uorus) *héritiers de leurs corps* employé dans ce texte, comprend *les fils et les filles*, « *ni de fils* » doit être compris ainsi, ni de fils d'une femme contemporaine : il ne faut pas croire que les mots (ni de fils) soient synonimes de ceux (ni d'héritiers), car le passage n'aurait pas de sens, et il en résulterait que la succession appartiendrait aux jeunes frères du mari et aux autres, même pendant qu'il existerait un fils d'une femme contemporaine. « *Ni de fils de ces personnes* : » Ici par *ces personnes*, le fils et le fils de la femme contemporaine (ou rivale) sont désignés. Le terme ne s'applique pas à la fille et au fils de la fille, car le fils de la fille est aussi indiqué, et le fils du fils de la fille ne confère pas de bienfaits, puisqu'il n'a pas le droit de présenter une offrande funéraire (au mari de la femme). Par le mot va) *ni*, le fils du fils et le fils de la femme rivale doivent être compris. Mais il ne faut pas suivre l'ordre de succession établi dans ce texte : car s'il en devait être ainsi, il en résulterait que les jeunes frères du mari hériteraient les derniers ; cela ne doit pas être, puisqu'ils confèrent de plus grands bienfaits que tous les au-

tres indiqués dans ce texte: Et ces autres passages
de Manou « Des libations d'eau doivent être faites
» à trois ancêtres, à leurs obsèques; à trois (le père,
» son père et son grand-père paternel) le gâteau
» funéraire doit être offert. (¹) » « Au plus pro-
» che *Sapinda* appartient ensuite l'héritage » (²),
sont placés dans un traité des successions, pour
montrer que l'ordre dans les successions est en rapport avec le plus ou le moins de bienfaits conférés;
autrement, ils seraient inutiles dans un traité de
cette nature: conséquemment il faut reconnaître
que l'ordre de succession est réglé par l'étendue
des bienfaits conférés, et puisqu'il en est ainsi, l'ordre
qui se déduit de l'esprit du texte doit être préféré
à celui qu'on pourrait induire de sa lettre.

§. 5. En conséquence, le jeune frère du mari a
le premier titre à l'héritage, parce qu'il présente
des offrandes à la femme, à son mari et à trois personnes auxquelles son mari était tenu d'en faire, et
de plus il est un *Sapinda*.

§. 4. A son défaut, la succession appartient en
même temps, aux fils des frères aînés et puinés de
son mari, parce qu'ils présentent des offrandes à la
femme, à son mari et à deux personnes auxquelles
son mari était tenu d'en présenter, (savoir: son père
et son grand-père), et de plus ils sont compris dans
le degré de parenté appelé *Sapinda*.

(¹) 9. 186. Des libations d'eau doivent-être faites pour
trois ancêtres, *savoir: le père, le grand-père paternel et le
bisaïeul*; un gâteau doit leur être offert à tous trois, etc.

(²) 9. 187. Au plus proche parent *(Sapinda) mâle ou femelle* appartient l'héritage, etc. Loiseleur.

§. 5. A leur défaut, le fils de la sœur, quoiqu'il ne soit pas Sapinda, (¹) a droit à l'héritage, car il présente des offrandes à trois personnes, à savoir : à son père et aux autres, auxquelles le fils de la décédée était tenu d'en présenter.

§. 6. Après lui, le fils de la sœur du mari, car il présente des offrandes à la décédée, à son mari et à trois personnes auxquelles devait en présenter le mari de la décédée.

(¹) *Sapinda.* Dans une note sous le sloca 60 du chapitre 5, M. Loiseleur établit que les Sapindas sont les parents jusqu'au septième degré exclusivement en ligne ascendante et descendante et plus tard sous le sloca cent quatre-vingt-sept du neuvième chapitre, il est obligé de reconnaître que la qualité de Sapinda ne s'étend que jusqu'au troisième degré dans la ligne descendante. Nous avons vu au chapitre 1er, section 10 de cet ouvrage §. 23, que le père du bisaïeul n'en fait pas non plus partie. La vérité est, comme le remarque très bien M. Loiseleur, que la qualité résulte de la liaison établie par le gâteau funèbre ; mais il ne paraît pas avoir compris que cette relation ou liaison se forme, non seulement entre celui qui le présente et ceux auxquels il en fait l'offrande, mais aussi entre lui et tous ceux qui font de semblables offrandes aux-mêmes personnes, et que par rapport à lui, cette même liaison existe entre les trois ascendants auxquels il offre le Pinda et les trois descendants qui plus tard le lui offriront à leur tour.

Z offre le Pinda à son père A, son grand-père B et son bisaïeul C : ils sont Sapindas ; mais C avait deux fils B et D.— F petit-fils de C offre le Pinda à son père E, son grand-père D et son bisaïeul C : il est donc Sapinda de ces trois, mais il l'est aussi de B, d'A et de Z, parceque ces trois offrent comme lui le Pinda à C et que cette commune offrande les unit. De même I, K et L, fils, petit-fils et arrière-petit-fils d'A, offrent à ce dernier le Pinda : ils sont donc Sapindas, non seulement d'A, mais aussi de Z son fils, d'Y son petit-fils et d'X son arrière-petit-fils, qui offrent comme eux le Pinda à leur auteur commun

§. 7. A son défaut, le fils du frère (de la décédée), qui présente des offrandes à la décédée, et à ses père et grand-père.

§. 8. Après lui, le gendre, qui présente des offrandes à ses beau-père et belle-mère.

A. Enfin Z est Sapinda, comme nous l'avons dit d'A de, B et de C, ses ascendants parce qu'il leur offre le gâteau, et de Y, X et W, ses descendants, qui doivent le lui offrir après son décès. Il est facile, d'après cela, de reconnaître qu'en ligne collatérale, la liaison Pindarique s'étend au septième degré exclusivement, dont trois se comptent en montant à l'auteur commun et trois en descendant de cette souche et en ligne directe, jusqu'au quatrième aussi exclusivement. Au moyen de la clef ci-jointe qu'il est facile d'étendre à tous les cas possibles de Sapindas, il ne peut y avoir aucune difficulté à reconnaître les personnes qui ont droit à cette qualification.

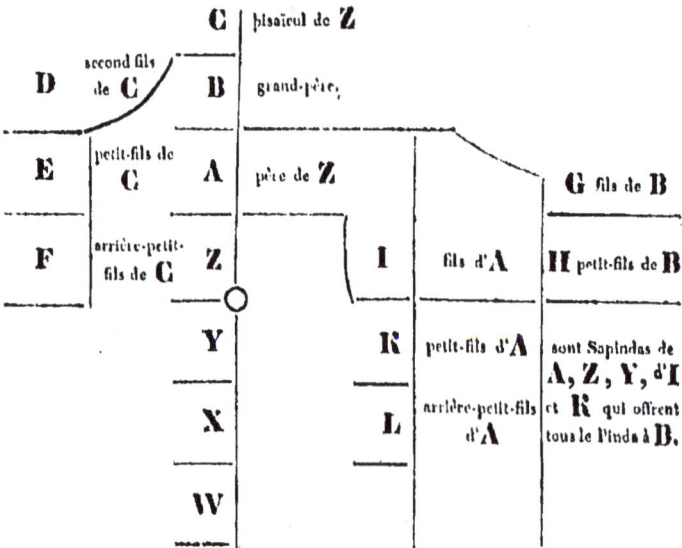

	C	bisaïeul de Z		
D second fils de C	B	grand-père.		
E petit-fils de C	A	père de Z		G fils de B
F arrière-petit-fils de C	Z	I fils d'A		H petit-fils de B
	Y	K petit-fils d'A		sont Sapindas de A, Z, Y, d'I
	X	L arrière-petit-fils d'A		et K qui offrent tous le Pinda à B.
	W			

§. 9. En conséquence, le texte précité de Vrihaspati établit simplement le droit à la succession, des personnes qui y sont mentionnées, et n'a aucunement pour but de régler l'ordre dans lequel elles doivent être appelées.

§. 10. S'il n'existe aucun de ces héritiers, y compris le gendre ; le beau-père et le frère aîné du mari qui sont Sapindas, héritent suivant leur ordre de proximité.

§. 11. S'il n'y a aucun Sapinda, les Saculyas ou alliés par des offrandes d'eau en commun, et ceux qui descendent de la même souche (patriarche), en ligne masculine, héritent.

§. 12 Et à défaut de ceux-ci, s'il s'agit des biens d'une femme brahmine ; des brahmes, habitant le même village et très-instruits dans les Vedas, ont droit à la succession.

§. 13. Mais s'il s'agit des biens d'une femme de la classe Chatrya, ou autre, le Roi seul a droit de s'en emparer.

CHAPITRE INTERCALLAIRE

DES BIENS PARTICULIERS DES FEMMES, D'APRÈS LE
MITACSHARA ([1]).

§. 1er. Après avoir brièvement établi la différence entre les biens du mari et ceux de la femme
(« Que les fils partagent également l'avoir et les
» dettes après le décès des deux parents »), et lon-
guement expliqué de quelle manière les biens d'un
homme devaient être partagés; l'auteur voulant
montrer aussi, dans le même détail, comment doivent être partagés les biens particuliers des femmes, commence par établir en quoi ils consistent:

« Ce qui a été donné à une femme par le père,
» la mère, le mari ou le frère; ce qu'elle a reçu
» devant le feu nuptial ou ce qui lui a été offert, à
» l'occasion du mariage de son mari avec une
» autre femme, comme aussi toute autre (acquisi-
» tion séparée), est nommé biens particuliers des
» femmes » ([2]).

([1]) Ce chapitre ne fait point partie de l'ouvrage de Sricrisna
Tercalancara, et n'est autre chose que la section 11 du chapitre
2 Mitacshara. J'ai pensé que le texte même de ce célèbre
auteur, mis pour ainsi dire en regard de celui du Daya Crama,
ferait mieux apercevoir les différences de doctrine qui sépa-
rent les deux écoles, que les notes les plus détaillées : Le lecteur, qui désirera suivre sans interruption l'ouvrage de Sricrisna
peut passer ce chapitre et il trouvera à la page 75 la suite du
Daya Crama.

([2]) Yajnyawaicva. 2. 143.

§. 2. Ce qui a été donné par le père, la mère, le mari ou un frère, et ce qui a été présenté (à la fiancée) par les oncles maternels et les autres (comme les oncles paternels, tantes maternelles, etc, (¹). au moment du mariage devant le feu nuptial; un don lors d'un second mariage, ou gratification à l'occasion de la répudiation, comme il sera ci-après expliqué (« Qu'un homme, qui prend une seconde » femme, donne à la première une somme égale, » comme compensation pour la répudiation »). §. 54. (ci-après) comme aussi le bien qu'elle pourrait avoir acquis par héritage, achat, partage, occupation ou trouvaille, est désigné par Manou et les autres, comme biens particuliers des femmes.

§. 5. L'expression, biens particuliers des femmes, se rapporte à son *étimologie* et n'est pas technique: Car le sens littéral est admissible et par conséquent une signification plus restreinte ne doit pas y être attachée (²).

§. 4. La mention de six espèces de biens propres aux femmes, faite par Manou. « Ce qui a été » donné devant le feu nuptial: ce qui a été pré- » senté pendant la procession nuptiale: ce qui lui » a été donné par affection ou en témoignage de » respect (³) et ce qui a été donné par son frère,

---

(¹) Balambhatta.

(²) Ceci est un argument fondé sur le sens de certains mots sanscrits, il est difficile du le rendre intelligible en français; Heureusement le passage n'est pas d'une grande importance.

(³) *Par affection ou en témoignage de respect.* Le livre de Manou, d'après la glose de Culluca, ne contient que la première partie de cette disposition, *par affection:* c'est aussi avec

» sa mère ou son père, forme les six espèces de
» biens particuliers d'une femme, » ([1]) n'a pas pour
but d'empêcher qu'elle n'en puisse posséder d'autres, mais bien d'établir qu'il n'en existe pas un
moins grand nombre.

§. 5. Catyayana explique ce que l'on doit entendre par présents donnés devant le feu nuptial, etc.
« Ce qui a été donné aux femmes à l'époque de
» leur mariage, est considéré par les sages, comme
» propriété particulière donnée à une femme, de-
» vant le feu nuptial : Cela aussi qu'une femme
» reçoit pendant qu'elle est conduite de la maison
» de son père ([2]) (à la demeure de son époux),
» est indiqué comme la propriété particulière
» d'une femme, sous la dénomination de don
» présenté pendant la procession nuptiale. Tout
» ce qui lui a été donné par affection, par sa belle-
» mère ou son beau-père, ou lui a été *offert*
» *en signe de respect*, est ([3]) nommé *don affec-*

cette première partie que Daya Bhaga cite le passage. On a suivi
ici l'interprétation de Bhalambatta en établissant deux motifs
pour le don d'affection, le premier, l'affection, l'autre le respect
témoigné par le prosternement aux pieds de la fiancée.

([1]) 0. 194. Le bien séparé d'une femme est de six espèces,
savoir : Ce qui a été donné devant le feu nuptial ; ce qu'on lui
a donné au moment de son départ pour la maison de son mari,
ce qui lui a été donné en signe d'affection ; ce qu'elle a reçu
de son frère, de sa mère ou de son père. Loiseleur.
On sait que le livre de Manou traduit par M. Loiseleur, es
d'après la glose de Cullouca.

([2]) Le Daya Bhaga et le Daya Crama Saugraha, écrivent
maison paternelle, au lieu de maison de son père (V. page 50).

([3]) Signe de respect. Lorsque le mari se prosterne aux pieds
de sa femme : Smriti Chandrica.

tionné : » ([1]) Ce qui est reçu par une femme mariée
ou une fille, dans la maison de son époux ou de
son père, est nommé *don d'affection* ([2]).

§. 6. En outre, dit (l'auteur): « Ce qui lui a été
« donné par ses parents, aussi bien que son casuel
» ou gratification, ou ce qui a pu lui être donné pos-
» térieurement au mariage ([3]). » « Ce qui est donné
à une fille par ses parents : » par les parents de sa
mère ou de son père. « La gratification, » en considération de laquelle une fille est donnée en mariage
([4]). Ce qui est donné après le mariage, ou postérieurement aux cérémonies nuptiales.

§. 7. Catyayana, dit : « Ce qu'une femme a reçu
» de la famille de son mari, postérieurement à son
» mariage, est appelé un don subséquent, ainsi que
» ce qu'elle a reçu de la même manière de la *famille*

([1]) *Don affectionné.* J'ai employé ces mots à défaut d'expressions meilleures et parceque c'est le sens adopté par le
Smriti Chandrica, de Devanda Bhatta, ouvrage éminemment
vénéré dans les provinces du sud et encore plus dans celles de
l'ouest, d'autres auteurs écrivent, dons *obtenus par l'amabilité.*

([2]) Je n'ai pu employer d'autres expressions que don d'affection et dons affectionnés; Il y a dans le texte *Sudaya* et
Sudayaca, qui sont dérivés l'un de l'autre et ont le même sens;
Le Daya Bhaga, dit dans le premier cas, celui où j'ai employé
les mots dons affectionnés, *dons de parents affectionnés* et bien
que cette interprétation me paraisse la meilleure, je n'ai pas
voulu l'employer parce que plusieurs écrivains de l'école de
Bénarès la critiquent et en font l'objet d'un reproche aux disciples de l'école du Bengale.

([3]) Vajnyawalcya. 2. 145.

([4]) Ceci n'est applicable qu'au mariage fait sous la forme
d'Asura, prohibé, dit-on, dans l'âge actuel : mais pourtant
encore très en vogue parmi les castes inférieures, surtout
dans la partie méridionale de l'Inde.

» *de son père* (¹), cela est reconnu comme propriété
» particulière de la femme, car ce passage se rap-
» porte à ce qui précède (§. 5). »

§. 8. Les biens des femmes ont été ainsi définis,
l'auteur explique comment on doit les partager :
« Si elle meurt sans postérité, ses parents les recueil-
» lent » (²).

§. 9. Si une femme meurt « sans lignée » en d'autres termes, sans postérité c'est-à-dire ; ne laissant
ni fille, ni fille de fille, ni fils de fille, ses biens
particuliers, tels qu'ils viennent d'être définis, pas-
sent à ses parents ; c'est-à-dire, à son mari et les
autres, comme il va être expliqué.

§. 10. Les *parents* en général, viennent d'être
déclarés habiles à succéder aux biens particuliers
d'une femme. L'auteur distingue maintenant les
héritiers, suivant le mode des cérémonies nuptiales
de la femme décédée : « Les biens d'une femme décé-
» dée sans enfants, mariée d'après la forme nommée
» Brahma, ou l'un des quatre modes approuvés,
» appartiennent à son mari ; mais si elle laisse pos-
» térité, ils appartiennent aux filles de ses filles :
» dans les autres formes de mariage, comme Asura,
» etc., ils appartiennent à ses père (et mère à dé-
» faut de sa propre postérité) » (³).

§. 11. Lorsqu'une femme qui s'est mariée,
d'après l'un des quatre modes nommés, Brahma,

(¹) *Famille de son père :* Voyez page 33. §. 20, le même texte
tiré de Devala ; *Le Mitacshara*, comme on voit établit *reçu de
la famille de son père :* Le Retnacara, écrit ; *de sa propre famille*
et le Daya Bhaga, comme le Daya Crama Sangraha *de la famille
de ses propres parents.*

(²) Yajnyawalcya 2. 145.

(³) Yajnyawalcya 2. 146.

Daïva, Arsha et Prajapatya, meurt sans postérité comme il a été dit, la (totalité) de ses biens, tels qu'ils ont été définis, appartient en premier lieu à son mari; à son défaut, elle va aux plus proches parents (Sapindas) alliés par des offrandes funéraires. Mais dans les autres formes de mariage, nommées Asura, Gandharba, Racshara et Paisacha, les biens de la femme sans enfants appartiennent à ses *parents*, c'est-à-dire à ses père et mère. L'héritage est dévolu d'abord, et la raison en a déjà été donnée (¹) à la mère, qui est premièrement désignée dans le mot composé (Pitrigami) que veut dire *passe* (Gachhati) *aux deux parents* (Pitarau), c'est-à-dire à la mère et au père; à leur défaut, le plus proche parent hérite.

§. 12. Dans toutes les formes de mariage, si la femme laisse des héritiers directs; c'est-à-dire, si elle a de la postérité, ses biens appartiennent à ses filles. Ici, par filles, il faut aussi comprendre les petites filles: car la descendance immédiate, en ligne féminine, est comprise dans le passage suivant: « Les filles partagent ce qui reste des biens » de la mère après avoir payé les dettes » (²).

§. 13. Conséquemment, à la mort de la mère les filles prennent d'abord la succession, et s'il y a des filles mariées et des filles non mariées, celles qui ne sont pas mariées, héritent d'abord; à leur défaut, celles qui sont mariées: et ici encore, si parmi les filles mariées il y en a qui soient *pourvues* et d'autres qui ne le soient pas: les dernières

---

(¹) La raison en a été donnée: Voyez la note (¹) chapitre 1ᵉʳ. Section 3. Page 10.

(²) Yajnyawalcya 2. 118.

recueillent la succession, en premier lieu : et celles qui sont pourvues, à leur défaut. Ainsi le prescrit « Gautama : Les biens d'une femme appartiennent » à ses fillesnon mariées ou non pourvues » ou pourvues, comme il résulte implicitement de la conjonction, *ou* ; dans le texte. « *Non pourvues* » sont celles qui n'ont ni richesses ni postérité.

§. 14. Mais cette règle (de succession pour les filles aux biens de leur mère) ne s'applique pas à son *Casuel* : Car cela appartient aux frères germains, conformément au texte de Gautâma : « Le casuel de » la sœur appartient aux frères du sang après le » décès de la mère. »

§. 15. A défaut de filles, les petites-filles de la ligne féminine héritent, d'après le texte : « Si elle » laisse de la postérité, il (l'héritage) appartient » aux filles des filles. »

§. 16. S'il y a un grand nombre de ces (petites-filles) issues de différentes mères et en nombre inégal, il faut faire autant de parts qu'il y avait de mères, comme l'indique Gautama : « Ou le partage » peut se faire, suivant le nombre des mères, et un » sous-partage être effectué de ces différents lots. »

§. 17. Mais s'il existe en même temps des filles et des petites filles, une bagatelle seulement doit être donnée aux petites-filles : Ainsi l'ordonne Manou : « Même aux filles de ces filles, il convient » de donner quelque chose de l'héritage de leur » grand'mère maternelle, en signe d'affection. » [1]

---

[1] Et même si elles ont des filles, il est à propos de leur donner quelque chose de la fortune de leur grand'mère maternelle, par motif d'affection.

§. 18. A défaut de filles de filles, les fils des filles ont droit à l'héritage : ainsi s'explique NAREDA : « Que les filles partagent les biens de la mère, ou » à défaut de filles, leur posterité masculine : » Car le pronom *leur*, se rapporte au mot filles.

§. 19. S'il n'y a pas de petits-fils dans la ligne féminine, les fils prennent l'héritage ; car il a déjà été dit : « La posterité masculine hérite à leur dé- faut. » Manou établit aussi le droit des fils aussi bien que des filles, aux biens de leur mère : « A la mort » de leur mère, *que les frères germains* et les sœurs » germaines partagent, également, l'héritage de la mère » ([1]).

§. 20. Tous les frères du sang doivent partager *également* l'héritage maternel, et les sœurs doivent aussi le partager ainsi : Telle est la manière dont il faut comprendre le texte ([2]), dont le sens n'est pas

___

([1]) A la mort de la mère que les frères utérins et les sœurs utérines, *non mariées*, se partagent également le bien pater- nel. Loiseleur.

J'ai continué d'employer le mot germain, quoi qu'ici non seulement on pourrait sans inconvénient se servir de l'expres- sion utérin, mais même avec peut-être plus d'à propos que de celle de germain ; cependant les traducteurs ont pensé que le mot utérin voulait dire du sang entier, puisque M. Colebrooke au passage dont il s'agit, après avoir dans sa traduction employé le mot utérin, remarque comme une particularité que dans le Calapatru, le texte est interprété *que les frères, par la même mère, partagent* au lieu de *que les frères utérins partagent* pourtant, les frères par la même mère sont vérita- blement les frères utérins, et exiger qu'ils soient aussi du même père, c'est vouloir qu'ils soient germains.

([2]) Nous avons vu au chapitre 2 section 4 §. 5 du Daya Crama ci-dessus page 45, un passage de Devala à peu près

que les frères et sœurs doivent partager concurremment : car le législateur n'a pas eu l'intention
d'établir un droit réciproque, puisque l'auteur ne
s'est pas servi d'une conjonction composée dans
sa forme abrégée ; mais bien de la particule (Cha) et
cela très convenablement, par rapport à la personne
opérant le partage comme dans l'exemple : « Devan-
» dhatta· se livre à l'agriculture et Yajnyadhatta
» aussi. »

§. 21. Le mot *également,* est employé pour
prohiber l'allocation de portions plus fortes à l'aîné
ou autres : Celui de *sang entier* est inséré pour
exclure le demi-sang (¹).

§. 22. Mais quoique d'une mère différente, la
fille d'une femme rivale de classe supérieure, prendra l'héritage d'une femme sans enfants de classe
inférieure : ainsi l'ordonne Manou : « Le bien qui a
» été donné, n'importe comment par son père, à
» une femme, doit appartenir, à la fille Brahmine ou
» à sa postérité » (²).

---

semblable à celui de Manou, ici commenté : et il est à remarquer que l'école du Bengale y attribue un sens tout opposé,
à savoir : que les frères et sœurs doivent hériter concurremment. Il serait superflu de rapporter ici les longues discus-
sions grammaticales des auteurs indiens à ce sujet, d'autant
qu'il existe un principe en droit Hindou, qui domine tous les
autres : qu'il faut suivre avant tout les usages reçus ; il suffit
donc que l'opinion du Mitacshara soit prédominante dans
ette partie de l'Inde, pour qu'el e y fasse loi. De même que
celle du Daya Bhaga doit être respectée au Bengale.

(²) Il n'est pas autrement question du sang entier que par
les expressions que j'ai traduites par germain, ce qui est une
nouvelle preuve que le mot utérin est employé par Messieurs
Colebrooke et autres, comme aussi par M. Loiseleur, dans

§. 23. La mention d'une Brahmine s'applique également à toute classe supérieure : par conséquent la fille d'une femme Cshatriya prend l'héritage d'une femme Vaisya sans enfants et la fille d'une Brâhmine, d'une Cshatriya, ou d'une Vaisya, hérite du bien d'une femme de classe Sudra.

§. 24. A défaut de fils, les petits-fils héritent de leur grand'mère paternelle, car Gautama dit : « Ceux qui partagent la succession doivent en payer » les dettes » et les petits-fils sont tenu d'acquitter les obligations de leur grand'mère paternelle, car le texte est formel : « Les dettes doivent être » acquittées par les fils et par les fils des fils. »

§. 25. A défaut de petits fils aussi le mari et les autres parents déjà mentionnés, recueillent la succession.

———

Voici maintenant comment Monsieur Strange, s'occupant en même temps de la doctrine professée dans les deux écoles, s'exprime au sujet de la nature des biens particuliers des femmes et des manières diverses de les transmettre.

« La loi Hindoüe assigne au sexe, ce que l'on » appelle emphatiquement *Stridhana* ; » ou, « biens » particuliers des femmes : » le mot étant dérivé de Sri, *femmes* et Dhana, *richesses*, non parce qu'ils indiquent nécessairement de l'argent, puisque le Stridhana peut consister en toute autre valeur, telle que des terres, bien qu'il se compose le plus souvent de bijoux ou de parures. Quoique ces biens

———

un sens autre que celui qui est indiqué par le code civil, puisqu'il veut dire de la même mère et d'un père différent, ce qui fait le demi sang et non le sang entier.

appartiennent au sexe, c'est en ce qui concerne les femmes et les veuves que la loi reçoit le plus souvent son application; peu de femmes dans l'Inde restant dans le célibat après l'âge nubile. Pour que des biens reçoivent cette qualification, il faut qu'ils soient le don, non d'un étranger, mais de quelque proche parent; s'ils proviennent d'un étranger ou s'ils ont été gagnés par la femme elle-même, suivant l'opinion généralement reçue, excepté dans les cas ci-après indiqués, ils appartiennent au mari, qui peut en disposer à son gré: Mais le Stridhana d'une femme mariée lui appartient, à moins que, d'après la loi qui prévaut au Bengale, il ne consiste en terres données par le mari, qui dans ce cas, conserve le pouvoir d'en disposer. Du reste quelle qu'en puisse être l'origine et quelle qu'en soit la nature, il a partout le droit de s'en servir dans les cas d'une nécessité contre laquelle il n'a pas d'autre moyen de se prémunir, et même sans être obligé de rendre ensuite compte de ce qu'il aurait ainsi employé. Les cas indiqués sont, la conservation de la famille pendant un temps de famine: hypothèse que l'on peut étendre à tous les cas de véritable besoin : toute circonstance de détresse de nature à empêcher l'accomplissement d'un devoir indispensable, et surtout d'un devoir religieux : La maladie, l'emprisonnement, et même les besoins urgents d'un fils. Il paraît cependant que le droit est personnel au mari, puisqu'il a été reconnu, à propos d'une saisie exécution pour dettes, que le Stridhana de la femme ne pouvait être atteint, quoiqu'il ne fut pas contesté que dans le cas d'arrestation; le mari aurait pu prendre les ornements qui étaient au cou de sa femme pour solder la dette, puisqu'il n'avait aucun autre moyen de se délivrer de l'incarcération légale. Et ce n'est pas là tout, car encore bien que, hors les cas spécifiés, le droit absolu de la femme aux propriétés de cette nature soit généralement reconnu, il semble résulter naturellement, de la position de toutes les femmes Hindouës, qui sont sans éducation et par conséquent plus faciles à influencer, que tout abus trop manifeste de leur droit puisse être contrôlé par le père pendant qu'elle sont filles, par le mari pendant qu'elles sont femmes, et par leurs protecteurs après sa mort : ce contrôle devant à son tour être restreint par le pouvoir judiciaire, sans quoi le Stridhana ne serait qu'une moquerie. On enseigne ordinairement que pour les femmes mariées il y a six espèces de propriétés particulières; mais les autorités ne s'accordent pas précisément sur ce nombre, et l'on a beaucoup argumenté sans arriver à une conclusion satisfaisante, pour savoir si ce nombre, généralement admis, était restrictif d'un plus grand nombre d'espèces, ou énoncé pour qu'on ne puisse pas prétendre qu'il y en a moins.

L'énumération suivante extraite principalement du Smriti Chandrica, comprend à peu près tout ce qu'on trouve ailleurs et plus qu'on n'admet généralement.

1°. Ce qui est donné à une jeune femme, ou à son mari pour elle à l'époque du mariage, c'est-à-dire, pendant le temps de la cérémonie nuptiale, commençant par l'offrande pour l'accroissement de prospérité et finissant par la salutation (¹), mais ne devant pas être rigoureusement restreint à ce jour-là, si la chose a été donnée à l'occasion du mariage;

2°. Son casuel, ou ce qui lui a été donné à la procession nuptiale lors de la cérémonie finale, quand le mariage déjà contracté et solennisé est sur le point d'être consommé, la fiancée étant restée jusque-là chez sa mère: et la turpitude des mariages Hindoux, à un âge prématuré (du côté de la femme) et souvent ridiculement disproportionné se dévoile ici d'une manière sensible, puisque l'on enseigne que ces dons sont faits, pour qu'elle se rende d'une manière satisfaite à la demeure de son époux et maître. Le casuel d'une femme Hindoüe à cela de particulier, qu'à sa mort il est régi par des règles spéciales;

5°. Ce qui lui est donné à son arrivée dans la demeure de son mari, lorsqu'elle se prosterne aux pieds de ses parents;

4°. Les dons subséquents faits par ses parents ou frères;

5°. La gratification que la femme doit recevoir pour donner son consentement à la *répudiation*, lorsque le mari veut prendre une seconde femme: gratification dont l'importance ne paraît pas bien établie;

6°. Ce qu'une femme reçoit du fiancé lorsqu'elle marie sa fille;

(¹) *Par le mot salutation*, l'auteur veut probablement indiquer la cérémonie de l'Abhivad, mentionnée ci-dessus page 20.

7°. Ce qu'elle reçoit n'importe à qu'elle époque, de la libéralité de son mari, comme par exemple une récompense pour avoir bien tenu sa maison;

8°. Tout ce qui peut lui avoir été donné à une époque quelconque, par sa famille : désignation assez générale pour qu'on puisse y comprendre les présents qui lui auraient été faits avant son mariage;

9°. Ce qu'elle a gagné par son industrie en brodant, filant, peignant, etc. Tels sont les exemples de Stridhana indiqués dans le Smiriti-chandrica : il faut remarquer que la dernière espèce ne se rencontre pas dans l'énumération établie dans le Mitacsara, non plus que dans celle de Manou et que Jimuta Vahana et plusieurs autres la rejettent en faisant remarquer, qu'encore bien que ces gains appartiennent à la femme, ils ne constituent pas ce que l'on entend pas ses biens particuliers, et que le mari a droit d'en disposer, même, hors le cas de détresse. Cependant il paraît reconnu que les héritiers de la femme, et non ceux du mari, doivent les recueillir à sa mort, si elle lui survit : la raison pour douter qu'ils fassent partie du Stridhana étant, qu'ils proviennent d'étrangers et non de son mari ou de ses parents. La même objection s'applique à

10°. Ce que la femme peut avoir reçu pour avoir déterminé, ou pour obtenir d'elle qu'elle déterminat son mari à s'acquitter de quelque travail, entrepris par lui, admis par quelques auteurs et rejetté par d'autres;

11°. Les biens qu'elle peut avoir acquis par héritage, achat, ou *trouvaille*: ce qu'elle a acquis par héritage faisant partie du Stridhana, suivant Vij-

nyaneswara dont l'autorité prévant au midi, tandis que les auteurs de l'école orientale enseignent
le contraire.

12. Enfin, les économies faites sur ce qui peut lui
avoir été accordé à titre de pension alimentaire.

Le Stridhana d'une femme sans enfants décédée
avant son mari, appartient à celui-ci ; on verra dans
un chapitre suivant, à qui il est dévolu lorsque son
mari décède avant elle.

Ailleurs le même auteur ajoute :

« On a vu dans un chapitre précédent à qui appartiennent les biens particuliers d'une femme, lorsqu'elle meurt avant son époux. En ce qui concerne
ce qu'elle reçoit par héritage de son mari, décédé
sans postérité masculine, ni fils adoptif, ni fils autrement acquis, les terres, et tout ce qui doit être
compris dans cette dénomination appartiennent,
à la mort de la veuve, aux héritiers de son mari et
non à ses propres héritiers, comme faisant partie,
ainsi que l'enseigne cette école, de son *Stridhana* :
dans un précédent chapitre on a vu ce que l'on doit
entendre par cette expression et il s'agit ici de faire
connaître de quelle manière cette nature de biens
se transmet.

La singularité de ce qu'on appelle biens particuliers des femmes, ne se fait voir en aucune circonstance, mieux que dans la difficulté d'en
établir la transmission, qui dépend, non de règles
ou de textes relatifs aux biens d'un homme décédé ;
mais de la forme du mariage, de l'origine du bien,
ou de l'époque de son acquisition. Le Stridhana

d'une fille, à l'exception d'un don nuptial qui, à sa mort, retourne au fiancé, appartient à ses frères *utérins* (¹) et à défaut à ses parents successivement; la mère prenant avant le père. Celui d'une femme mariée, soit qu'elle décède avant, soit qu'elle décède après son mari, appartient à ses héritiers immédiats, qui sont, même lorsqu'il s'agit de biens hérités de son mari, ou de terres, sa descendance dans la ligne féminine, d'après le Mitacshara. La raison que l'auteur en app e ne donne pas une haute opinion du bon sens e la loi, fondée qu'elle est sur la pensée que des *particules de la mère abondent dans les enfants du sexe féminin*; l'opinion étant, qu'un enfant mâle est engendré si la semence de l'homme prédomine, et que c'est une fille si la femme contribue davantage à la formation du fœtus (¹), tant les anciens juris-

---

(¹) Monsieur Strange, comme tous les auteurs anglais, se sert du mot *utérin*; mais je le répète; il faut, en français, employer le terme germain, autrement dans le cas où il existerait un frère issu du même père et de la même mère que la décédée, et un frère issu de la même mère par un père différent, cas possible puisqu'il est prévu par le chapitre 10 du Daya Crama : le demi-frère véritablement utérin prendrait le Stridhana de sa demie-sœur décédée au détriment de son frère de père et de mère; ce qui n'est pas et ce qu'aucun auteur n'a jamais prétendu, ce qui d'ailleurs ne pourrait être soutenu avec la plus légère apparence de raison, cependant j'ai cru devoir employer ici le mot utérin parce que M. Strange s'en est servi, en faisant remarquer qu'en français il ne peut exprimer la pensée de l'auteur.

(²) Manou. 3. 49. « Toutefois, un enfant mâle est engendré » si la semence de l'homme est en plus grande quantité : lorsque » le contraire a lieu c'est une fille. » Loiseleur.

consultes hindoux avaient l'habitude de mêler à
leurs plus graves raisonnements, des opinions non
moins absurdes que choquantes, suivant nos idées
modernes. Le cours des successions est le même dans
la ligne féminine que celui qui a été établi pour
le cas où les filles héritent médiatement ou immédiatement de leur père. Après les filles et les petites-
filles, les fils ont droit au bien, dans un ordre indiqué; et à défaut de toute postérité, la transmission
varie suivant les circonstances. Si le mariage a été
contracté d'après un des modes approuvés et que
la femme décède sans postérité, le mari survivant
et ses parents héritent. Si le mariage a été célébré
d'après un des autres modes, les parents de la femme succèdent, un ordre d'héritiers étant indiqué
pour le bien qu'elle a reçu à la cérémonie nuptiale,
et un autre ordre pour ce qu'elle a acquis pendant
le mariage. En outre, d'autres distinctions sont faites, principalement pour son casuel, que les uns
indiquent comme les présents qui lui ont été faits
lors de la demande en mariage, et les autres, comme
ce qui lui a été donné pour l'engager à se rendre à
la maison de son mari, à la fin des cérémonies
nuptiales. Dans tous ces cas la loi a réglé l'ordre
dans lequel les successions seraient recueillies, en
étendant aussi loin que possible les droits successifs, comme on peut s'en convaincre, en se référant
aux ouvrages qui traitent ce sujet en grand (¹), y

(¹) Les ouvrages dont l'auteur parle, sont le Daya Bhagu
et le Mitacshara, le résumé de Sricrisna qu'il indique est celui
dont j'ai fait la traduction.

compris le résumé de Sricrisna. On ne peut appren-
dre jusqu'à quel point ces distinctions doivent être
admises, que par l'observation locale : la coutume
étant une branche du droit hindou qui doit prévaloir sur des maximes générales.

CHAPITRE III.

DE L'EXCLUSION DU DROIT DE SUCCÉDER.

§. 1er. On va maintenant indiquer ceux qui sont exclus du droit de succéder, parce que cette exception fera voir quels sont ceux qui sont habiles à recueillir un héritage. Manou a dit : « Les hommes » impuissants et dégradés sont exclus des succes- » sions, comme le sont aussi les aveugles et les » sourds de naissance, aussi bien que les idiots, les » muets, et ceux qui ont perdu un sens ou un » membre. »

Un texte de Catyayana définit ce que l'on doit entendre par un homme impuissant.

§. 2. *Aveugles et sourds* de *naissance :* Ceux qui sont aveugles ou sourds depuis le moment de leur naissance. Nareda dit : « L'ennemi de son père, » l'homme sans caste et l'homme adonné au vice, » ne sont point admis à hériter lors même qu'ils » sont légitimes. »

§. 3. *L'ennemi de son père :* Un homme qui maltraîte son père pendant sa vie, ou qui après sa mort ne lui rend pas les honneurs funèbres.

§. 4. *L'homme adonné au vice :* L'homme qui à raison de ses crimes ou de ses vices, n'est pas admis par ses parents à boire de l'eau en leur compagnie.

§. 5. *Adonné au vice :* Dont la conduite est condamnable, comme un ivrogne, un joueur, etc.

§. 7. Un autre texte est ainsi conçu : « Un hom-
» me sans caste et ses enfants, une personne impuis-
» sante, un boiteux, un fou, un idiot, un aveugle
» et une personne atteinte d'une maladie incurable,
» doivent recevoir des moyens de subsistance ; mais
» ils doivent être exclus du droit d'hériter. »

§. 8. *Un boiteux :* Qui a perdu l'usage de ses
deux pieds.

§. 9. Un idiot : C'est-à-dire un homme incapa-
d'être instruit dans la lecture des Védas.

§. 10. Ainsi s'exprime Nareda : « Les membres
» d'une famille qui sont affligés d'une longue et
» douloureuse maladie, les idiots, ceux qui sont
» privés de raison, aveugles ou estropiés, doivent
» recevoir la subsistance ; mais leurs fils participent
» à l'héritage. »

§. 11. *Longue :* C'est-à-dire, depuis leur naissance.

§. 12. *Douloureuse :* Telle que la lèpre, etc.

§. 13. Leurs fils cependant recueillent des parts,
s'ils ne sont pas eux-mêmes frappés de ces inca-
pacitées.

§. 14. Des moyens de subsistance sont dus à
tous, excepté à ceux qui n'ont plus de caste, car
un texte de Nareda dit qu'il est ordonné de fournir
les aliments et le vêtement à tous, excepté à ceux
qui sont sans caste.

§. 15. Le terme *sans caste* comprend le fils de
celui qui a été dégradé, car il est également sans
caste, pour avoir été engendré par un homme qui
n'en avait pas.

§. 16. Baudhayana l'a déclaré expressément :
« Que les cohéritiers fournissent de nourriture et

» de vêtements ceux qui sont incapables de s'occu-
» per d'affaires, aussi bien que les aveugles, les
» idiots les personnes impuissantes ou affligées de
» maladie, et autres qui sont inhabiles à remplir
» les devoirs prescrits, excepté toutefois celui qui
» serait *sans caste* et sa postérité. »

§. 17. Les femmes de ces personnes sont aussi
exclues, comme cela résulte du texte suivant :
« Leurs femmes sans enfants, qui se conduisent
» d'une manière convenable, doivent recevoir la
» subsistance ; mais celles qui manquent à la chas-
» teté doivent être exclues, aussi bien que celles
» qui sont méchantes : Leurs filles doivent égale-
» ment être maintenues jusqu'à leur mariage. »

CHAPITRE IV.

DES BIENS QUI DOIVENT ÊTRE PARTAGÉS ET DE CEUX QUI NE DOIVENT PAS L'ÊTRE.

SECTION Ire

DES BIENS QUI DOIVENT ÊTRE PARTAGÉS.

§. 1er. Catyayana indique ainsi les biens qui doivent être partagés : « Ce qui est provenu du grand- » père ou du père, *et* toute autre chose (apparte- » nant aux cohéritiers, ayant été) acquise par *eux- » mêmes*, doit être partagé lors d'une séparation » de cohéritiers. »

§. 2. « *Et toute autre chose :* » La particule conjonctive *et* se rapporte à *eux-mêmes* : Consé- quemment il faut conclure de l'emploi de cette particule, jointe à la phrase, *acquise par eux- mêmes*, que des biens acquis par tout autre doi- vent aussi être compris, pourvu que l'acquisition ait été faite au moyen d'avances tirées du fond commun, ou de travaux personnels communs.

§. 3. En conséquence, l'acquéreur prend deux parts de ce qui a été acquis au moyen d'avances tirées du fond commun, et les autres n'ont qu'une part chacun. Ainsi l'établit Viasa : « Les frères doi- » vent participer à tout ce qu'un homme peut » acquérir avec le secours de son patrimoine, par » les armes, ou autrement : Deux parts, *lui* revien- » nent, et à chacun des frères une seule portion » égale. »

§. 4. *Lui:* « C'est-à-dire à l'acquéreur, et ceci
est raisonnable ; car l'acquisition est faite, en ce
qui concerne l'acquéreur, par l'emploi du fond
commun et aussi par son travail personnel ; mais,
en ce qui concerne les autres , seulement par l'emploi des fonds communs.

§. 5. De même, lorsqu'une acquisition est faite
par deux personnes, au moyen du travail personnel
seulement de l'une des deux , et au moyen des fonds
et du travail personnel de l'autre, l'acquéreur, au
moyen de son travail personnel seulement, reçoit
une part, et l'acquéreur au moyen de ses fonds
et de son travail personnel, en reçoit deux, par un
raisonnement analogue.

§. 6. Ainsi , ces trois espèces de biens, à savoir:
les biens patrimoniaux, ceux acquis par le père et
ceux acquis au moyen des fonds communs, doivent
être partagés , par tous ; mais des biens acquis par
des individus, au moyen de leur propre industrie
(comme association en commerce etc.,) doivent être
partagés, par les acquéreurs seuls: ceci est décidé.

§. 7. Cependant, des biens acquis par la science
et autres moyens analogues, sans emploi des fonds
communs, doivent être partagés par des cohéritiers, d'une science égale ; et ceux qui seraient
moins instruits, ou qui ne le seraient pas du tout,
ne doivent pas y prendre part. Le texte de Catyayana le dit positivement : « Un homme instruit
» n'est pas obligé de donner à des cohéritiers igno-
» rants une part quelconque de ce qu'il a acquis par
» son savoir ; mais il faut qu'il le partage avec ses
» *égaux* ou *supérieurs* en *science*. »

§. 8. Le terme, *science*, se rapporte également aux deux mots *égaux* et *supérieurs*, comme l'œil du corbeau (¹) (qui regarde de deux côtés), par conséquent le sens est, *des cohéritiers aussi instruits ou plus instruits.*

§. 9. Mais, si pendant qu'un frère se livre à l'étude, un autre frère soutient, par son travail ou par l'emploi de ses biens particuliers, la famille du frère ainsi occupé, alors, quelque dépourvu d'instruction qu'il puisse être, il a droit à une part des biens que son frère pourra acquérir par son savoir. Nareda l'ordonne : « Celui qui soutient la famille » de son frère occupé à s'instruire, prendra quoi- » que *ignorant,* une part des biens que ce frère » pourra obtenir, au moyen de son instruction » ainsi acquise. »

§. 10. *Ignorant,* quoique dépourvu de toute instruction (²).

§. 11. Mais tous les cohéritiers, instruits ou ignorants, ont droit à une part des biens que leurs cohéritiers ont pu acquérir au moyen de l'instruction qu'ils auraient reçue de leur famille, leur père ou autre : Vrihaspaty, dit ; « *Tous* les biens *acquis* » *par leur courage,* par des frères qui ont reçu leur » instruction de leur famille, *ou même* de leur père, » doivent être partagés. »

(¹) Le corbeau ayant un œil de chaque côte de la tête, a la faculté de fixer deux objets à la fois : on suppose ici que le corbeau n'a qu'un œil. C'est une figure par laquelle on prend l'œil pour la faculté de voir et l'auteur dit : ainsi que l'œil du corbeau regarde en même temps deux objets ainsi le mot science se rapporte aux deux mots, égaux et supérieur.

(²) Littéralement, quoique il soit un imbécile.

§. 12. Par les mots, *ou même*, le grand-père, l'oncle et les autres sont indiqués ; *acquis par leur courage:* acquis, en employant des fonds communs, car il sera ci-après établi, que les biens acquis sans employer les fonds communs, ne doivent pas être partagés.

§. 13. Catyayana a donné, dans le passage suivant, une définition particulière des biens acquis par science : « Ce qui a été *gagné par la solution* » *d'une difficulté*, un prix ayant été stipulé, doit » être considéré comme acquis par science, et ne » doit pas être compris dans le partage fait par des » cohéritiers : Ce qui a été *reçu d'un élève*, ou pour » avoir *officié comme prêtre*, ou pour avoir *ré-* » *pondu* à une *question* ou éclairci une matière » controversée, ou pour avoir *fait preuve de science*, » ou pour des *succès* en *discussion*, ou pour s'être » montré habile en *lecture*, a été classé par les sages » parmi les gains de science et ne doit pas être par- » tagé. (La même règle s'applique aux arts), » car » la différence entre le prix d'un objet d'art et celui » d'un objet commun, ainsi que ce qui a été gagné, » par habileté, au jeu, doit être considéré comme » acquis par science et non sujet à partage : » ainsi l'a ordonné Vrihaspaty.

§. 14. *Gagné par la solution d'une difficulté:* comme lorsqu'une personne fait avec une autre cette convention : « *Si vous résolvez bien cette dif-* *ficulté, je vous donnerai tant:* » Ce qui a été reçu, en conséquence d'une solution satisfaisante de la difficulté, ne doit pas être partagé.

§. 15. « *Reçu d'un élève :* » C'est-à-dire, d'une personne à laquelle on a donné de l'instruction.

§. 16. « *Officié comme prêtre :* » C'est-à-dire, ce qui a été reçu comme salaire, pour avoir rempli pour une personne les devoirs de prêtre de la famille. (Purohit) (¹).

§. 17. Aussi, ce qui a été reçu d'une personne, comme témoignage de sa satisfaction pour une *réponse* faite à une *question* relative à une science particulière.

§. 18. *Éclairci une matière controversée ;* c'est-à-dire, pour avoir satisfait à une question proposée pour éclaircir un doute, dans cette forme : « Je don-» nerai cet or ou cette autre récompense à celui qui » éclaircira mes doutes, sur ce point de droit. » En fait, ce qui a été donné (après une proposition de cette nature) pour avoir dissipé les doutes élevés.

§. 19. Ou, ce qui a été gagné par un tiers, pour avoir équitablement décidé entre deux parties disputantes qui s'en rapportaient à son jugement, pour dissiper leurs doutes sur le sujet en contestation.

§. 20. Ou, pour avoir *fait preuve de science ;* le sens est : Ce qui a été reçu comme présent ou encouragement, pour avoir fait preuve de connaissances en écriture sainte, etc.

§. 21. *Succès en discussion ;* c'est-à-dire, ce qu'on a obtenu pour avoir vaincu un adversaire dans une discussion publique.

§. 22. De même aussi, lorsqu'une récompense est donnée à un brâme pour s'être montré supérieur à d'autres dans la *lecture* des Vedas. Aussi,

(¹) Purohita. Conseiller spirituel. Prêtre.

7

ce qui peut être gagné par des peintres, des orfèvres,
ou autres *homm s d'art*, par l'exercice d'un art
ou d'une science.

§. 23. Comme ce qui a été « *gagné par habileté
au jeu.* » Toutes ces choses sont des gains de
science, et ainsi que les autres sont exemptées du
partage. Voir les §. 7 et 8

§. 24. Catyayana a établi une règle spéciale: « Le
» bien gagné par science, acquise d'un étranger
» pendant qu'on était entretenu par un étranger,
» est appelé gain de science. »

§. 25. En conséquence, des biens acquis par
science reçue de personnes autres que le père, l'oncle et les autres membres de la famille de l'acquéreur, et sans l'emploi de fonds communs, doivent
être partagés par des cohéritiers plus ou également
ment instruits; mais non par ceux qui le sont moins,
ou qui sont tout-à-fait dépourvus d'instruction.

SECTION II

DES BIENS QUI NE DOIVENT PAS ÊTRE PARTAGÉS.

§. 1er. A ce sujet Nareda dit : « Excepté ce qui
» a été obtenu à la guerre, les biens reçus avec une
» femme et les gains de science ; ces trois genres de
» biens sont exemptés du partage, comme aussi
» un don paternel fait par affection. »

§. 2. Le sens de ce texte est que puisque les biens
acquis par les armes, ceux reçus de la famille de sa
femme à l'occasion du mariage, les gains de science et
ce qui a été donné comme témoignage d'affection,
par le père et autres, ne sont pas assujétis au par-

tage : mettant à part ces quatre sortes de biens, tous
les autres doivent etre partagés : ceci est prescrit à
l'occasion du partage des successions . Manou dit :
« Les biens gagnés par la science appartiennent
» exclusivement à celui qui les a acquis : de meme
» qu'une *chose donnée par un ami, reçue à l'occa-*
» *sion du mariage*, ou *présentée* à un hôte en *témoi-*
» *gnage* de *respect* » (¹ .

§. 3. « *Donnée par un ami* : » reçue d'un ami.

§. 4. « *Reçue à l'occasion du mariage :* » C'est-à-
dire, reçue des parents de la femme, pour etre
devenu leur gendre.

§. 5. « *Presentée en témoignage de respect* : »
Obtenue pour avoir officié comme pretre. Manou
dit : « Ce qu'un trere a acquis par son travail, ou
» par son habileté, sans employer le bien paternel,
» il ne doit pas le donner contre sa volonté, car il
» l'a gagné par sa propre industrie » (²).

§. 6. Yajnyawalcya dit : « Des biens patrimo-
» niaux qui auraient été usurpés par quelqu'un et
» recouvrés par un héritier, ne doivent pas etre
» partagés par les autres héritiers, non plus que
» les gains de science. »

§. 7. « *Des biens patrimoniaux qui auraient été*

(¹) Mais la richesse acquise par le savoir appartient exclusivement à celui qui l'a gagnée ; de même qu'une chose donnée par
un ami, ou reçue à l'occasion d'un mariage, ou présentée comme offrande hospitalière. 9. 206. Loiseleur des Longchamps.

(²) Ce qu'un frère à gagné à force de peine sans nuire au
bien paternel, il ne doit pas le donner contre sa volonté, puisqu'il l'a acquis par son propre labeur. 9. 208. Loiseleur des
Longchamps.

» *usurpés*: » Si un héritier, sans employer de fonds communs et sans être assisté par les autres héritiers, recouvre de tels biens, ils ne doivent pas être partagés.

§. 8. Il établit une règle spéciale, pour les terres : « Des terres transmises par succession régulière, » mais qui auraient été perdues, et qu'un héritier » seul aurait recouvrées, uniquement par ses pro-» pres efforts, peuvent être partagées par les autres, » proportionnellement à leurs droits respectifs après » lui en avoir premièrement donné un quart » (¹).

§. 9. Après avoir donné un quart des terres à celui qui les a recouvrées, que les autres partagent avec lui les trois quarts qui restent, suivant les proportions auxquelles ils ont droit, et prennent leurs parts respectives.

§. 10. Ceci résulte des textes déjà rapportés.

§. 11. Ce qui a été acquis par un cohéritier séparé ou non séparé, sans l'emploi de fonds communs et sans l'assistance d'un autre, appartient exclusivement à l'acquéreur et ne doit pas entrer en partage.

§. 12. Il faut cependant observer la distinction qui a été faite, pour ce qui concerne les *gains* de *science*.

§. 13. Manou et Vishnou, ont tous les deux indiqué quelques autres objets comme ne devant pas être partagés « Des *vêtements*, des moyens de » *transport*, des *parures*, *des aliments apprêtés*, de

---

(¹) Ce passage est attribué par erreur à Yajnyawalcya, c'est un texte de Sancha.

» *l'eau*, des femmes, des *meubles destinés au repos*
» ou *aux repas*, sont déclarés ne devoir pas être
» *partagés* » (¹).

§. 14. « *Vêtements:* » destinés à se couvrir.

§. 15. *(Moyens de transport)* comme voitures,
chevaux, etc.

§. 16. « *Parures:* » bagues, etc.

§. 17. « *Aliments apprêtés*, » confiseries, confitures, etc.

§. 18. De l'*eau:* de puits ou de reservoirs. L'eau
contenue dans des puits ou dans des reservoirs
qui ont toujours appartenu au père et aux autres,
ne peut être partagée comme d'autres biens; mais
doit servir à chacun des cohéritiers, suivant ses
besoins. Un texte dit : « Chacun doit prendre et em-
» ployer à son tour l'eau des puits et des réservoirs. »

§. 19. « Des *meubles destinés au repos ou aux*
» *repas:* » comme les couchettes ou siéges adaptés à
l'usage de chaque cohéritier, et les ustensiles employés par chacun pour le boire et le manger.

§. 20. Ainsi dit Vyasa : « Un siége, une couche,
» un lieu destiné aux sacrifices, un champ, une
» voiture, des aliments apprêtés, de l'eau et des
» femmes, ne doivent pas être partagés par des
» parents. »

(¹) Des vêtements, des voitures et des parures, *d'une valeur
médiocre, dont tel ou tel héritier se servait avant le partage*, du
riz préparé, l'eau *d'un puits*, des esclaves femelles, les conseil-
lers spirituels ou les prêtres de la famille, et les pâturages
pour les bestiaux ont été déclarés ne pouvoir pas être partagés
mais devoir être employés comme auparavant. 9. 219. Loiseleur des Longchamps.

§ 21. « *Un lieu destiné aux sacrifices :* » C'est-à-dire, un lieu où les sacrifices sont faits, ou bien, où l'image d'une divinité est placée : et non pás, ce qui peut etre gagné en faisant des sacrifices. car déjà cela a été compris dans les *gains de science :* ainsi s'exprime Catyayana : « Le sentier des vaches, le che-
» min des voitures, des vetements, et tout ce qui est
» porté sur le corps, ne doit pas entrer en partage, ni
» *ce qui est nécessaire,* ou destiné à des ouvrages
» d'art. » Vrihaspaty l'a déclaré aussi.

§. 22. « *Ce qui est nécessaire :* » Ce qui est utile à des personnes instruites, comme des livres, ne doit pas être partagé avec des personnes sans ins-truction, (des imbéciles).

§. 23. En conséquence, les livres ne doivent pas étre donnés à des cohériers ignorants ; ils appar-tiennent à ceux qui sont instruits.

§. 24. Mais le frère sans instruction doit rece-voir de celui qui est instruit, quelque autre objet, égal en valeur à la part des livres à laquelle il au-rait (autrement) eu droit, ou bien la valeur en numé-raire ; car, s'il était établi que le cohéritier sans ins-truction, n'a aucune espèce de droit aux livres, et que tous les biens indivis se composassent de livres, lorsque le partage aurait lieu, le cohéritier sans ins-truction serait entièrement privé de sa part.

§. 25. Et cependant, ceci est inadmissible, car ce serait contraire au texte qui dit. « Ceux qui sont
» nés, ceux qui ne sont pas encore conçus, et ceux
» qui sont encore dans le sein de la mere ont un égal
» droit d'etre maintenus ; et la dissipation de leurs
» moyens de subsistance héréditaires est défendue. »

§. 26. Et il ne faut pas supposer que l'application de ce texte est restreint à d'autres cas que celui qui nous occupe; car si l'on peut arriver à une conséquence juste, en rejettant cette restriction, son admission doit conduire a une conséquence fausse.

§. 27. De même, ce qui est destiné à des ouvrages d'art doit appartenir à ceux des héritiers qui sont artistes, et non à ceux qui sont inhabiles à s'en servir; mais la règle qui vient d'etre établie est également applicable dans ce cas.

§. 28. Sancha et Lichita disent: « On ne doit » partager ni une *habitation*, ni des vases à eau, ni » des parures, ni *des objets qui ne soient pas d'un* » *usage général*, ni des femmes, ni des vetements, » ni des *conduits d'eau:* » Prajapati *l'a* ordonné aussi.

§. 29. « *Une habitation,* » Un jardin ou quelque chose de cette nature qui aurait été fait par un des héritiers, sur le terrain dépendant de la maison paternelle, du vivant du père, ne doit pas non plus etre partagé, car il est juste de penser que puisque le pere ne s'est pas opposé à ces travaux, il a permis de les faire.

§. 30. Il faut aussi raisonner ainsi, dans le cas ou un autre héritier aurait fait une habitation ou autre travail de la nature indiquée, sur les dépendances d'une autre maison d'habitation (appartenant au père).

§. 31. « *Des objets qui ne soient pas d'un usage* » *général.* » Des ustensiles culinaires, etc.

CHAPITRE V.

DES SECONDS PARTAGES APRÈS UNE RÉUNION DE COHÉRITIERS,

§. 1er. Il faut d'abord établir ce qu'on doit entendre par *réunion*, pour expliquer ensuite ce que c'est qu'un partage entre cohéritiers réunis,

§. 2. A ce sujet Vrihaspaty dit: « Celui qui s'étant » une fois séparé, demeure de nouveau par affection » avec son père, son frère, ou son oncle paternel, est » appelé réuni. »

§. 3. En conséquence, quand une personne s'est une fois séparée de son père et des autres, le partage est ensuite annullé par le consentement mutuel des parties séparées, et en conséquence d'une convention de la nature suivante : « Ce qui est à toi est » à moi : ce qui est à moi est à toi » et elles décident de résider dans la même demeure; ceci est considéré comme *réunion*.

§. 4. Ici, puisque le père et les autres sont spécialement désignés, la *réunion* ne s'opère qu'avec ceux qui sont indiqués et non avec des neveux, et autres qui ne sont pas nommés: autrement la désignation spéciale du père et des autres, n'aurait pas de sens; telle est l'opinion du Daya Bhaga ([1]).

([1]) Une association de personnes autres que celles ici énumérées (dans le texte de Vrishaspati), ne doit pas être considérée comme une réunion de cohéritiers en communauté, autrement l'énumeration serait sans objet. *Daya Bhaga*, chapitre 12 §. 4.

§. 5. **Les sectateurs de l'école de Mithila** sont d'avis que, l'emploi du mot père et les autres à un sens indéterminé, et que la réunion s'opère, lorsque ceux dont le droit à une propriété indivise est établi par naissance, forment une nouvelle communauté, après une première séparation, conséquemment, que la réunion peut s'opérer entre neveux et autres.

§. 6. Pour ce qui regarde un partage entre cohéritiers réunis :

§. 7. Lors d'un second partage fait par des frères réunis, l'aîné n'a aucun droit de primogéniture ; mais tous les frères de même classe doivent prendre des parts égales. Vrihaspaty dit : « Parmi des » frères qui s'étant une fois séparés, vivent ensemble » de nouveau, par affection mutuelle, il n'y a pas de » droit de primogéniture lorsqu'il se fait un nou- » veau partage. »

§ 8. Ici parmi des frères ou autres, d'un même degré de parenté, les uns réunis, les autres séparés, ceux qui sont réunis ont un droit exclusif aux biens d'un cohéritier réuni décédé. Car un texte sera ci-après cité, qui déclare qu'un (frère) réuni prendra la part de son (cohéritier) réuni.

§. 9. A défaut d'un cohéritier réuni, les cohéritiers séparés du même degré de parenté, ont droit à la succession.

§. 10. De même, si l'on suppose qu'un père, qui a fait un partage parmi ses fils et qui a pris pour lui-même la part que la loi lui accorde, engendre un autre fils pendant qu'il est séparé de ses enfants, et décède ensuite ; alors le fils né après le partage, a droit à la part de son père, et non un fils séparé.

§. 11. De même, le fils né après un partage n'a pas le droit de prendre part à un partage (des biens) de ses freres, qui étaient séparés (du pere).

§. 12. Ainsi s'explique Vrihaspati : « Les *jeunes* » *freres* de ceux qui ont fait un partage avec le pere, » qu'ils soient fils de la meme mere ou qu'ils soient » issus d'autres femmes, prendront la part du pere. » Un fils né avant le partage n'a aucun droit aux » biens de ses parents, non plus qu'un fils engendré » après n'en possède à ceux de son frere. Ils n'ont » ensemble aucune relation excepté pour des céré- » monies funèbres et des libations d'eau. »

§ 13. *Les jeunes freres,* c'est-à-dire, ceux nés postérieurement au partage.

§. 14. Si un pere vient à décéder après s'être réuni avec quelques-uns de ses fils, alors ses biens doivent etre partagés par égales portions, entre ses fils réunis et ceux nés postérieurement au premier par- tage ; suivant le texte de (Manou et de Nareda). « Un » fils né après un partage, prendra seul la part de son » pere : ou bien il partagera avec ceux (de ses freres) » qui seraient réunis avec le pere » (¹).

§. 15. Ici, il faut établir une règle particulière; si un pere réuni a fait une acquisition, au moyen de ses fonds particuliers, ou par son travail, ou par ses opérations personnelles cette acquisition appartien-

---

(¹) Que le fils né après un partage *du bien fait par le pere de son vivant,* prenne possession de la part de son père, ou bien, si les frères *qui avaient partagé avec le.r père*, ont de nouveau réuni leurs lots au sien, qu'il partage avec eux. 9. 210. Loiseleur Deslongchamps.

dra exclusivement, à son fils né depuis le partage, et
non à ceux de ses fils qui se seraient réunis avec lui.

§. 16. Vrihaspati dit: « Tous les biens acquis par
» le père *lui-même*, postérieurement à un partage
» fait avec ses fils, appartiennent au fils engendré
» par lui depuis le partage : ceux qui étaient nés
» auparavant n'y ont aucun droit. »

§. 17. Ici, par les mots *lui-même* l'auteur établit
que l'acquisition doit avoir été faite au moyen de
ses fonds particuliers, ou de son travail personnel.

§. 18. De même, une dette contractée par un
père séparé pour son propre compte, doit être acquittée exclusivement, par le fils né depuis le partage : « Ainsi qu'il vient d'être décidé pour les biens,
» il doit l'être pour les dons, les gages, les acquisi-
» tions ; » ceci est la fin du texte cité au § 16.

§. 19. Cependant, quant une dette contractée
par un père réuni, l'a été dans l'intérêt commun,
elle doit étré acquittée et par les cohéritiers réunis,
et par les fils nés depuis le partage.

§. 20. Celui qui est né après le partage, est celui
qui a été conçu après que le partage a été fait, car,
sans la conception, il ne peut y avoir de génération.

§. 21. Par conséquent, si un partage est fait entre des fils, dans l'ignorance de l'état de grossesse
de la femme, alors les biens qui ont été partagés doivent étre réunis et partagés de nouveau, pour que le
fils né de cette grossesse, prenne sa part avec les
fils antérieurement séparés de leur père; mais le
bien du père ne doit pas entrer dans ce partage.

§. 22. Ce qui vient d'être établi relativement
au droit du fils né après le partage à hériter des

biens de son père, se rapporte aux choses acquises par le père lui-même, puisqu'il est impossible qu'aucun partage de biens patrimoniaux ait lieu avant que la menstruation de la mère et de la belle-mère ait cessé, et en supposant qu'un tel partage ait été effectué par hazard, il serait sans effet comme contraire à la loi.

§. 23. Tous les fils, qu'ils soient nés avant ou après un partage, ont le droit de participer aux biens de cette nature; conséquemment, si par hazard un père avait fait un partage de biens patrimoniaux consistant en terres, etc., et vivait séparé de ses enfants, après avoir pris la part à laquelle la loi lui donnait droit; cependant le fils né après ce partage aurait droit d'exiger de son frère et autres, une part des biens provenus du grand père, et le premier partage, ayant été illégalement effectué, devrait être considéré comme nul et de nul effet.

§. 24. Le texte de Vishnou, relatif à ce sujet, établit que des fils entre lesquels un père aurait fait un partage, devraient donner une part au fils né depuis la séparation.

CHAPITRE VI.

PARTAGE FAIT PAR LE PÈRE DES BIENS PATRIMONIAUX, ET DES BIENS ACQUIS PAR LUI-MÊME.

§. 1er. Le partage fait par le père des biens acquis par lui-même, n'a d'autre règle que sa volonté; mais s'il s'agit de biens patrimoniaux, il faut qu'à la volonté du père, vienne se joindre la circonstance, que la menstruation de la mère a cessé : voilà la différence.

§ 2. Ainsi l'établit Vishnou : « Quand un père » se sépare de ses fils, sa volonté est la regle du par- » tage à faire des biens acquis par lui-meme. »

§ 3. Mais pour ce qui concerne les biens patrimoniaux, Gautama dit : « Après le décès du pere, » que les fils partagent son bien, ou pendant qu'il » vit, s'il y consent et que la mère ne puisse plus » avoir d'enfants. »

§. 4. Il ne faut pas prétendre que ce texte de Gautama s'applique aussi aux biens acquis par le père, car si l'on soutenait que le partage des biens acquis par le père ne pourrait avoir lieu qu'après la cessation des menstrues de la mère, il suivrait que le texte de Gautama qui dit : « Un fils engendré » après le partage, prend exclusivement les biens » du père, » serait sans objet, puisqu'un fils ne peut pas etre conçu par une femme dont la menstruation est finie.

§. 5. Il ne faut pas non plus dire, que le dernier

texte de Gautama cité, se rapporte aux biens patri‑
moniaux et n'est pas par conséquent sans objet,
puisque s'il en était ainsi, un fils né après le partage
serait exclu de toute participation aux biens patri‑
moniaux et conséquemment privé de moyens de
subsistance; ce qui est défendu par le texte : « Ceux
» qui sont nés, ceux qui ne sont pas encore conçus,
» et ceux qui sont encore dans le sein de la mère
» ont un égal droit d'être maintenus; et la dissipa‑
» tion de leurs moyens de subsistance héréditaires
» est défendue. »

§. 6. Et l'on ne peut pas soutenir davantage que
le fils conçu après le partage ne serait pas privé de
moyens de subsistance, puisque, à la mort de son
père il aurait droit à la portion de biens patrimo‑
niaux que celui-ci aurait recueillie; car en suppo‑
sant que le père ait dissipé la totalité de cette por‑
tion, le fils serait infailliblement privé de moyens
de subsistance.

§. 7. Le fait est que ce texte de Vishnou: « Quand
» un père se sépare de son fils, sa volonté est la règle
» du partage à faire, des biens acquis par lui-même, »
est utile en ce qu'il prouve que la volonté du père est
absolue à l'égard du partage de ces biens, et con‑
séquemment que le texte de Gautama qui exige la
réunion des deux circonstances: cessation des mens‑
trues de la mère, et manifestation de la volonté du
père, est strictement applicable aux biens patrimo‑
niaux.

§. 8. En conséquence, lorsque le père fait le par‑
tage des biens qu'il a acquis lui-même, il peut s'en
réserver autant qu'il le juge convenable et partager

le reste parmi ses fils suivant le texte de Vishnou,
cité, et le texte suivant d'Harita: « Un père de son
» vivant, peut partager ses biens et se retirer dans
» une forêt, ou entrer dans un *ordre convenable à*
» *un homme âgé*, ou bien il peut rester chez lui,
» après avoir donné une petite portion à chacun et
» s'en être réservé une plus grande. *S'il devient in-*
» *digent*, il peut reprendre ce qu'il a donné. »

§. 9. « *Un ordre convenable à un homme âgé :* »
c'est-à-dire *la solitude.*

§. 10. « *S'il devient indigent :* » C'est-à-dire s'il
dépense tout ce qu'il s'était réservé.

§. 11. Si un père donne à un de ses fils une portion plus forte, à raison de ses bonnes qualités, ou
de sa piété, ou parce qu'il a une famille nombreuse,
ou à cause de son incapacité: un partage de cette
nature est autorisé par la loi.

§. 12. Nareda dit : « Quant à ceux qui ont reçu
» dans un partage fait par leur père, des parts égales,
» ou plus grandes, ou plus petites: ce partage est
» légal, car le père est le *maître* du tout. »

§. 13. « *Maître*, » c'est-a-dire, qu'il a le pouvoir
d'aliéner à sa volonté: conséquemment ce texte se
rapporte à des biens acquis par le père lui-même,
puisqu'un tel pouvoir ne saurait exister à l'égard
des biens patrimoniaux.

§. 14. Cependant un père affligé par la maladie
ou les souffrances, ou privé de ses facultés intellec-
tuelles ou excité par la colère ou influencé par sa partialité pour un fils aimé ou une femme favorite, ne
peut donner une portion plus petite ou plus grande
à l'un de ses fils, hors des cas ci-dessus mentionnés :

8

Le texte de Nareda le déclare. « Un père affligé par la
» maladie, influencé par la colère, ou dont l'esprit
» est égaré *par un objet aimé*, ou qui agit contraire-
» ment aux prescriptions de la loi, n'a pas le pou-
» voir de disposer de son bien. »

§. 15. « *Égaré par un objet aimé* : » par une
partialité excessive pour un de ses fils ou pour une
femme préférée.

§. 16. Mais lorsque le père fait un partage de
biens patrimoniaux, il peut prendre deux parts
pour lui-même et assigner un seul lot à chacun de
ses fils ; car le texte de Vrihaspati qui dit : « Le père
» peut prendre deux parts, lors d'un partage fait de
» son vivant, » concerne les biens patrimoniaux.

§. 17. Il ne faut pas croire que ce texte se rapporte aux biens personnels du père, car il serait en
contradiction avec ceux de Vishnou et les autres,
qui établissent que ce que le père peut prendre
dans ce cas, dépend absolument de sa volonté ; et
puisqu'il peut prendre une plus grande ou une plus
petite portion à sa volonté, la restriction à deux
parts serait inutile.

§. 18. Un père n'a pas le pouvoir de faire un
partage inégal de biens patrimoniaux consistant en
terres, *en rentes constituées* (¹) ou en esclaves, même
dans le cas de l'existence de qualités supérieures
dans un des fils etc., et le texte de Yajnyawalcya : « Le

(¹) Nibandha : J'ai été embarrassé pour donner le véritable
sens de ce mot et ce n'est qu'après d'assez longues recherches que
je me suis déterminé à employer les mots rentes constituées. Voici
comment l'auteur du Daya Bhaga explique ce qu'on doit enten-

» droit de propriété du père et du fils est égal, pour
» les terres acquises par son père, ou pour des rentes
» constituées ou pour des esclaves attachés à la cul-
» ture du sol », a pour but de restreindre l'exercice
de la volonté du père, car (quoique cela soit contraire à l'opinion généralement reconnue d'un
droit de propriété égal de la part du père et du fils)
il est impossible d'admettre que, tant que le père qui
possède les biens patrimoniaux continue d'exister,
ses fils aient sur ces biens, un droit de propriété
égal au sien.

§. 19. Mais le père possède sur les biens patrimoniaux autres que des terres (et les autres espèces
de biens ci-dessus indiqués) comme les perles et
les bijoux, un pouvoir égal à celui qu'il peut exercer
sur les choses acquises par lui-même. Yajnyawalcya
dit : « Le père est maître *des bijoux, des perles, des*
» *coraux* et de *toutes* les (autres choses mobilières);
» mais ni le père, ni le grand-père ne l'est de la
» *totalité* du bien immobilier. »

§. 20. Ici, en indiquant au commencement de
la phrase, *les bijoux, les perles et les coraux*, et en
employant ensuite le mot *toutes*, l'or et les autres
choses, excepté les trois espèces de biens consistant
en terres, etc., sont comprises. Le mot *totalité* qui se
rencontre dans la seconde partie de la phrase, est

---

dre par Nibanda, chapitre 2. 15. « Nibandha signifie ce qui
» a été fixé par une promesse dans cette forme : Je donnerai telle
» chose chaque mois de Cartique. » M. Strange dit que ce sont
des rentes garanties par hypothèque sur des terres, et j'ai taché
de combiner ces deux opinions.

employé pour démontrer qu'il n'est pas défendu de disposer par *don*, d'une partie des immeubles, qui ne serait pas nécessaire au soutien de la famille: ainsi l'explique le Daya Bhaga.

§. 21. De même, un père peut à son gré attribuer à son fils, par préciput, un vingtième des biens qu'il a personnellement acquis, ou des biens patrimoniaux: Yajnyawalcya dit: « Lorsque le père » fait un partage, qu'il sépare ses fils de lui-même » à son gré et qu'il donne à l'aîné la meilleure part, » ou, s'il le préfère, tous peuvent *avoir* des parts » égales. » Ici la première partie du texte se rapporte aux biens acquis par le père, et la seconde partie aux biens patrimoniaux: Telle est l'opinion émise par le Daya Bhaga (1).

§. 22. Lorsqu'un père fait le partage des biens acquis par lui-même, il doit donner à celles de ses femmes qui n'ont pas d'enfants du sexe masculin, une part égale à celles des fils. Un texte de Vyasa l'ordonne: « Même les *femmes du père* qui n'ont » pas d'enfants, doivent recevoir des parts égales. »

§. 23. L'expression *femmes du père*, sert à prouver que le partage doit être fait par le père lui-même: car il sera établi, ci-après, que les belles-mères n'ont pas le droit de prendre part à un partage fait par des fils.

§. 24. Cette attribution de parts égales a lieu lorsqu'aucun bien particulier n'a été donné antérieurement, par le mari et les autres: Yajnyawalcya dit: « S'il fait des portions égales, ses femmes qui

---

(1) Daya Dhaga, chapitre 2. 79.

» n'auraient pas reçu de biens particuliers du mari
» ou du beau-père, doivent aussi recevoir des por-
» tions semblables. »

§ 25. Lorsque quelques-unes des femmes ont
reçu des biens particuliers, les autres femmes qui
n'ont pas d'enfants mâles, doivent recevoir du père
une valeur égale.

§. 26. Mais quand elles n'ont pas reçu de biens
particuliers, elles doivent partager également avec
les fils. Ceci est la loi pour le cas où les fils reçoivent des portions égales.

§. 27. Suivant les *misras*, quand un père attribue des portions moindres à ses fils, pour s'en
réserver une plus grande à lui-même, les femmes
doivent prendre dans sa portion, de quoi rendre la
leur égale à celle des fils.

§. 28. Cependant, dans le cas où toutes les femmes
auraient précédemment reçu des biens particuliers,
elles ne doivent recevoir qu'une demie part, par
analogie à la règle établie, pour le cas d'une femme
répudiée qui a des biens particuliers, laquelle ne
doit recevoir que la moitié de ce qui *(dans le cas
contraire)* serait donné à l'occasion de la répudiation ([1]).

([1]) Répudiation n'est peut-être pas le mot convenable, puisque cette expression entraine l'idée d'un divorce : Le sens véritable serait remplacement, ou comme le fait observer M. Loiseleur des Longchamps, suspension de ses fonctions les traducteurs
anglais se servent du terme *supersession*, qui est assez exact
mais qui n'est pas français, c'est donc à défaut d'une expression
meilleure que j'ai employé ici et ailleurs les mots répudiations
et répudiée, pour indiquer la position d'une femme Hindoüe
dont le mari a pris une seconde épouse.

§. 29. D'après le texte de Yajnyawalcya : « Que
» l'homme qui épouse une seconde femme, donne
» à la première une somme égale, comme compensa-
» tion pour la répudiation, pourvu qu'elle n'ait
» pas déjà reçu des biens séparés ; mais si elle en a
» déjà reçu, qu'il lui donne la moitié. »

§. 30. On appelle *don de répudiation*, ce qu'un
homme qui désire se marier une seconde fois, donne
à sa première femme ; car le but de la donation est
de parvenir à un second mariage.

§. 31. On doit donner à la première femme autant que ce qui a été donné à la seconde : Voilà le
sens, et il est conforme à l'opinion du Daya Bhaga.
Les Misras enseignent cependant que lorsqu'il
existe des biens particuliers, on ne doit pas donner
une demie portion, parce que aucun texte ne l'autorise.

§. 32. Le fils d'un Soudra par une esclave femelle,
peut, si le père le veut, être admis à partager également avec son fils, né de sa femme légitime. A la
mort du père il a droit à une demie part ; s'il n'y a
pas de fils légitime, ni de fils de fille, il a droit à la
totalité du bien paternel ; mais s'il existe un fils de
fille, ils doivent partager également.

§. 33. Ainsi l'établit Yajnyawalcya : « Même un
» fils engendré par un Soudra sur une esclave femelle
» peut prendre une part, *si le père le veut;* mais s'il
» (le père) est décédé, les frères doivent lui donner la
» moitié d'une part, et s'il n'y a pas de frères, il peut
» succéder à tout l'héritage *à défaut de fils de filles.* »

§. 34. « *Si le père le veut* »: c'est-à-dire, si c'est
son bon plaisir.

§. 35. « *A défaut de fils de filles:* » Mais si un fils

d'une fille existe, alors le fils du Soudra aura droit à partager également avec lui. Le partage, dans ce cas est égal, suivant la règle qui veut que les partages soient égaux lorsqu'il n'existe pas d'exception positive dans la loi. Voilà comment décide le Daya Bhaga.

CHAPITRE VII.

PARTAGE ENTRE FRÈRES APRÈS LE DÉCÈS DU PÈRE.

§. 1er. Un partage fait entre frères du vivant de leur mère, n'est pas légal, quoique le droit de propriété leur soit dévolu à la mort du père : le texte de Manou : « Après (la mort du) père et de la mère, » les frères assemblés doivent partager également » la succession paternelle, car ils ne peuvent en » disposer du vivant de leurs parents (1). » Indique que le partage doit avoir lieu après le décès de la mère.

§. 2. Si cependant un partage était fait du vivant de la mère, elle devrait y recevoir une part égale à celle de ses fils, suivant le texte de Vrihaspati qui déclare que « La mère au décès de son mari doit » partager également avec ses fils. »

§. 3. Ici, puisque le mot *mère* à un sens déterminé et restreint, les belles-mères ne sont pas admises au partage; mais la nourriture et le vêtement leur sont dus.

---

(1) Manou 9. 104. Après la mort du père et de la mère, que les frères s'étant rassemblés se partagent également entr'eux le bien *de leurs parents*, (1) *lorsque le frère aîné renonce à son droit*: ils n'en sont pas maîtres pendant la vie de ces deux personnes, à *moins que le père n'ait préféré partager le bien lui-même.* Traduction de M. Loiscleur des Longchamps.

(1) *De leurs parents.* J'ai préféré dire *la succession paternelle.* Nous avons déjà vu que les frères ne pouvaient partager *le bien de leurs parents* puisque celui de la mère appartient aux sœurs : La traduction de M. Loiseleur contrarie donc les principes en matière de succession.

§. 4. De même lorsque des petits-fils veulent partager la succession de leur grand-père, la grand' mère doit recevoir une part égale. Par l'expression : « *Assimilées à des mères,* » employée dans le texte, « *les grands'mères sont assimilées à des mères* » il est établi que puisque la mère a droit à une part égale dans le partage des biens de son mari, fait par ses fils, la grand'mère a aussi droit à une portion semblable, lorsque les petits-fils partagent les biens de leur grand-père.

§. 5. Dans ce cas aussi, les femmes contemporaines de la grand'mère ne doivent pas prendre part au partage et n'ont droit qu'à la subsistance.

§. 6. Encore, pour la raison ci-dessus établie (§ 5), le mot *grand'mère* indique spécialement la mère naturelle du père : telle est l'opinion reçue quoique il soit vrai qu'en considérant l'emploi des mots, *toutes*, et *grand'mères* (au pluriel) dans le texte cité, il paraisse raisonnable de permettre aux femmes contemporaines de la grand'mère, de prendre part au partage.

§. 7. Mais les sectateurs de l'école de Mithila affirment que le mot *mère*, dans ce texte de Vrihaspati : « La mère, au décès de son mari, doit par- » tager également avec ses fils » (§ 2), s'applique aussi aux belles-mères, et à l'appui de leur opinion ils rapportent le texte suivant du même auteur : « *A son défaut, la mère* partage également avec ses » fils : *les mères* doivent avoir des parts égales, et » les filles des quarts de parts. »

§. 8. « *A son défaut* » : à défaut du père, lors- que des petits-fils veulent opérer un partage : « *La* » *mère,* » celle qui a des enfants mâles. « *Les mères* : »

les belles-mères qui n'ont pas d'enfants mâles; toutes prennent des parts égales à celles des fils.

§.. 9. Les sœurs aussi doivent participer, jusqu'à concurrence d'un quart des portions allouées à leurs frères, pour faciliter leur mariage.

§. 10. Cependant les sectateurs de l'école de Mithila enseignent que les sœurs doivent participer au partage, jusqu'à concurrence seulement de la somme nécessaire pour leur mariage, et suivant leur opinion, les femmes contemporaines de la grand'mère ont droit au partage du bien de leur mari: c'est ainsi qu'il faut comprendre cette doctrine.

§. 11. Les frères de même classe peuvent faire leur partage de deux manières, ou avec des *prélèvements ou déductions déterminés* (¹), ou avec des parts égales. Un texte des Vrihaspati le décare: « Deux » espèces de partage sont prescrites aux cohéritiers. » L'une par ordre *de primogéniture*, l'autre par » l'attribution de parts égales. »

§. 12. « *Primogéniture* » indique le partage avec des déductions : il ne faut pas supposer que parce que le partage par portions égales est généralement usité, et celui avec déductions rarement pratiqué, le premier mode soit le seul qui ait la sanction de la loi, et que le second soit prohibé; car le partage

---

(¹) *Déductions.* Ou préciput en faveur de l'aîné, limité par les auteurs anciens au vingtième de la succession, mais pouvant être moindre. On pense généralement que ces déductions, ou prélèvements, sont prohibés dans l'âge actuel, et comme l'auteur le fait observer, ils sont tout au moins très-rarement pratiqués.

par le mode des déductions peut avoir lieu du consentement des (jeunes) frères, en raison de leur plus grande vénération (pour leur frère aîné).

§. 13. Mais le mode des parts égales, est le seul qui soit adopté dans l'âge actuel parce que l'on trouve dans ce siècle peu de frères qui aient cette grande vénération pour leurs aînés, et parce que les frères aînés qui s'en rendent dignes, sont également rares.

§. 14. « *Primogéniture:* » C'est-à-dire primauté de naissance parmi les frères, tous nés de mères ou de belles-mères, de classe égale. Un texte de Manou, dit ([1]) : « Comme parmi des fils nés de mères de » classes égales et sans aucune autre distinction il ne » peut exister de supériorité à cause de la mère, » la primauté indiquée par la loi dépend de la nais- » sance. »

§. 15. « *Mères de classes égales* » c'est-à-dire de la même classe.

§. 16. Une fille désignée pour produire un héritier à son père et un fils légitime, doivent partager également. La fille ainsi désignée n'a pas droit à la part d'un frère aîné, en vertu de la primauté de sa naissance, car un texte de Manou est ainsi conçu: « Une fille ayant été désignée pour produire un » enfant mâle à son père, s'il nait à cét homme un » fils (engendré par lui-même), le partage de la » succession doit en ce cas être égal, puisqu'il n'y

---

([1]) Manou. 9. 125. « Comme parmi des fils nés de mères » égales en rang, sans aucune autre distinction, il n'y a pas de » primauté du côté de la mère, la primauté est déclarée dépen- » dre de la naissance. Loiseleur des Longchamps.

» a pas de droit de primogéniture pour une
» femme » (¹).

§. 17. Le préciput d'un vingtième, n'a lieu que
dans le cas de partage parmi des frères non germains; mais lors d'un partage entre frères germains,
l'aîné a droit a deux parts. Ainsi l'établit Vrihaspati : « Tous les frères d'hommes des trois classes
» régénérées, nés de *femmes de la même classe*,
» doivent partager également, après avoir fait un
» prélèvement en faveur de l'aîné. »

§. 18. « *Femmes de la même classe :* » c'est-à-dire
quand il y en a plusieurs. Puisque la mention relative à un prélèvement se rencontre dans un texte
qui se rapporte à des fils nés de (différentes femmes
de la même classe, il suit que ce qui a été établi concernant le droit de l'aîné à deux parts, par cette
partie du texte de Manou qui dit : « Que l'aîné
» prenne une part double » (¹) et aussi par le texte
de Gautama : « Que le premier né reçoive une dou-
» ble part » doit s'appliquer au cas du partage entre
frères germains seulement, suivant le principe qui
admet un cas exceptionnel, quoiqu'il restreigne
l'application d'une règle générale.

§. 19. En outre, puisque le texte précité de
Vrihaspati indique spécialement des *femmes de la
même classe*, des fils de brames et autres, nés de

(¹) Manou 9. 134. Si, après qu'une fille a été chargée de
produire *pour son père* un enfant mâle, il nait un fils à *cet
homme*, dans ce cas que le partage de la succession soit égal;
car il n'y a pas de droit d'aînesse pour une femme.

(²) Manou. 9. 117. « Que l'aîné ait une part double. » etc.
Loiseleur des Longchamps.

femmes de classes différentes, ont droit suivant leur rang, à quatre, trois ou une part. Ainsi l'établit Manou : « Que le fils d'une Bramine prenne quatre » parts; celui d'une Cshatriya trois : que le fils d'une » Vaisya reçoive deux parts, que le fils d'un Soudra » prenne une seule part (s'il est vertueux) » (¹).

§. 20. Un Soudra a droit à une part, parce qu'il est tenu d'accomplir certaines cérémonies religieuses après la naissance de son fils.

§. 21. Le terme *régénéré* dans le texte précité de Vrihaspati (§. 17) n'est pas restrictif : conséquemment le prélèvement d'un vingtième et l'autre (c'est-à-dire la part double) doivent avoir lieu en faveur même (de l'aîné) d'un Soudra, qui également a droit à une plus forte part, puisque sans distinction, il confère des bienfaits à son père, en l'arrachant de l'enfer nommé Put (²).

§. 22. C'est pourquoi le texte de Manou qui dit :

(¹) Manou. 9 153. Que le fils de la brahmani prenne quatre parts, le fils de la Kchatrya trois, le fils de la Vaisya deux, et le fils de la Soudra une seule.

(²) *Put.* On suppose que l'ame de ceux qui ont laissé des enfants pour continuer leur génération, est transportée, immédiatement après leur décès, dans un lieu de récompenses nommé Piterloug, où elle reçoit la récompense des bonnes actions du défunt, pourvu que les cérémonies funèbres soient solennisées avec exactitude : Dans le cas contraire, comme lorsque le décédé ne laisse pas de descendant qui puisse faire ces cérémonies, elle est précipitée dans un lieu de souffrance nommé *Put*, et condamnée à renaître dans le corps d'un animal impur, jusqu'à ce que par une suite de renaissances, elle soit tout à fait purifiée et absorbée dans la divinité dont elle est une émanation. Le Pinda doit être offert le premier jour de chaque nouvelle lune, et les offrandes d'eau doivent être faites tous les jours.

« Un Soudra doit épouser une femme de sa classe
» et pas d'autre ; tous ceux à qui elle donne nais-
» sance doivent avoir des parts égales, eût-elle cent
» fils » (¹), doit être considéré comme énoncé pour
établir la prohibition d'une distinction à raison
d'une différence de classe, et non la prohibition
du préciput d'un vingtième : Ceci paraît une juste
interprétation.

§. 23. Lors d'un partage fait entre des fils légitimes et des fils adoptifs, le fils légitime doit
prendre deux parts, et les fils adoptifs qui sont de
la même classe que le père, une part ; mais les fils
adoptifs qui sont d'une classe inférieure, ne doivent pas participer au partage : ils n'ont droit qu'à
des aliments et à des vêtements.

§. 24. Nareda dit : « Tous ces fils sont *les héri-*
» *tiers* d'un homme qui n'a pas d'héritiers légitimes
» engendrés par lui-même ; mais si un fils véritable-
» ment légitime vient à naître postérieurement,
» ils ne sont investis d'aucun droit de primogéni-
» ture : *ceux d'entr'eux* qui sont de classe égale
» (au père) doivent recevoir un tiers pour leur part ;
» mais ceux qui sont d'une classe inférieure doivent
» vivre dans la dépendance et se contenter de la
» nourriture et du vêtement. »

§. 25. « Les héritiers » c'est-à-dire les ayant
droit à la totalité du bien paternel. « *Ceux d'entre*

(¹) Manou. 9. 157. « Il est ordonné à un Soudra d'épouser
» une femme de sa classe et non une autre : tous les enfants
» qui naissent d'elle doivent avoir des parts égales, quand même
» il y aurait une centaine de fils. » Loiseleur des Longchamps.

Le Mitacshara donne à ce texte une autre interprétation et
en fait découler des conséquences différentes.

» *eux* » c'est-à-dire ceux d'entre les fils qui sont de classe égale à celle (du père).

§. 26. Les fils doivent partager les biens du père qui restent après l'acquittement des dettes : ou bien, si les créanciers y consentent, ils peuvent faire le partage d'abord, et payer ensuite les dettes.

§. 27. Nareda dit : « Les frères peuvent par- » tager ce qui reste de l'héritage paternel après » l'extinction de ses obligations et le payement de » ses dettes, de *manière que* leur père ne reste pas » débiteur. »

§. 28. Ici, d'après l'expression : « *De manière que le père ne reste pas débiteur*, » il paraît que les dettes peuvent être acquittées après le partage : autrement le texte n'aurait pas de sens.

§. 29. De même, on ne doit pas, lors du partage, faire entrer en compte ce qu'un frère, à raison de sa nombreuse famille, peut avoir dépensé de plus que les autres. Le partage doit être des biens actuellement existants.

§. 50. Le texte de Nareda l'établit : « Lors d'un » partage entre cohéritiers, que celui qui a fait des » dépenses, n'en fasse pas le rapport, le partage » doit être du bien existant en ayant égard aux » revenus et aux dépenses. »

§. 51. L'emploi de la particule (*va*) dans ce texte, y donne le sens du mot *strictement* : en conséquence, après avoir établi le rapport entre le montant des biens qui se seraient accumulées à une époque antérieure, et celui des sommes dépensées depuis, on doit partager la balance existant au moment du partage.

§. 52. Vyasa a établi que les cérémonies d'ini-

tiation des frères et sœurs non initiés, doivent être
faites à la charge du bien paternel : « Les frères
» non initiés doivent l'être, au moyen du bien
» paternel, par les frères pour lesquels ces cérémo-
» nies ont déjà été faites. » Et il en doit être aussi de
même pour l'établissement des sœurs par le mariage;
s'il n'existe pas de biens, ils doivent être initiés aux
frais de leurs frères. Un texte de Nareda le dit :
« S'il n'existe pas de biens paternels, les cérémonies
» doivent être faites sans faute par les frères déjà
» initiés, au moyen de contributions de leurs biens
» personnels. »

0.

CHAPITRE VIII.

DU PARTAGE D'EFFETS RECÉLÉS.

§. 1er. Le partage d'effets recélés par des cohéritiers à l'époque d'un premier partage et découverts ensuite, doit être maintenant expliqué.

§. 2. A ce sujet, on trouve le texte suivant: « Si » lorsque toutes les dettes et les biens ont été juste- » ment partagés suivant la loi, on vient à découvrir » quelqu'objet qui n'ait pas été compris dans le » partage, cet objet *doit être partagé également.* » Le partage de l'objet ainsi caché doit être fait d'après les mêmes règles que le partage précédent. On ne doit pas donner une part moindre au recéleur, à cause du recel, ni l'exclure du partage pour ce motif : Tel est le sens des mots *doit être partagé également.* Le texte ne veut pas dire que tous auront des portions (¹) égales de l'objet recélé, puisqu'il n'existe aucune raison pour prohiber le prélèvement du vingtième, et d'ailleurs il s'en suivrait que les fils Brames et Cshatriyas partageraient également. Catyayana l'établit ainsi : « Qu'ils partagent

---

(¹) Cette discussion est à peu près oiseuse, puisque ainsi que l'auteur le reconnaît, les partages inégaux ne sont plus en usage; cependant tous les commentateurs s'en occupent, et dans son commentaire du Daya Bhaga, Sri Crisna maintient fortement l'opinion professée ici.

« S'il en était autrement, dans le cas où l'on aurait reconnu » que l'aîné devait recevoir un préciput proportionnel, il s'en » suivrait que si le recéleur était un frère puîné, l'aîné obtien- » drait moins que sa part, quoiqu'il n'eut commis aucune faute, » et le frère puîné aurait plus que son droit, quoique coupable

» également des objets qui auraient été recélés et
» que plus tard on aurait découverts ainsi que des
» *biens mal partagés*: Brigou l'a ordonné. »

§. 3. « *Que plus tard on aurait découverts :* » par
cette phrase on établit que les effets recélés seulement doivent être partagés, et non que le partage
effectué doit être recommencé.

§. 4. « *Biens mal partagés :* » c'est-à-dire que des
biens qui par erreur ou autrement auraient été partagés d'une manière illégale, doivent l'etre de nouveau conformément à la loi, car le passage de Manou:
« Une seule fois doit être partagée la succession, »
a pour but de prohiber un second partage lorsque
le premier a été fait légalement : Il est donc décidé
que le partage d'un effet recélé, doit etre fait avec
le recéleur, de la manière qui vient d'etre établie.

» d'un recel, et même en conséquence de sa faute. » Tel est le
sens d'une observation faite au sujet de ce passage, et à l'appui
de l'opinion du Daya Bhaga, par Rhagunandana ; mais le
Mitacshara maintient ainsi la doctrine contraire.

§. 1er. Il faut ajouter ici quelque chose concernant ce qui
peut rester après un partage général de la succession. « Qu'ils
» partagent, également, des effets qui ayant été retenus par un
» des cohéritiers seraient découverts après le partage : ceci
» est une règle invariable » ([1]).

§. 2. Ce qui a été retenu par un des copartageants au détriment des autres, n'étant pas connu lors du partage de la masse,
doit être divisé en portions égales lors qu'on en fait la décou-
verte postérieurement au partage : telle est la règle fixe établie
par la loi.

§. 3. Ici en disant également, l'auteur prohibe un partage
avec prélévements : En disant qu'ils partagent, il montre que
les objets ne doivent pas appartenir exclusivement à celui qui
les a découverts.

([1]) Ya,nyawaleya, 2. 127.

CHAPITRE IX.

DES DROITS DU COHÉRITIER QUI REVIENT D'UN PAYS ÉTRANGER.

§. 1er. Vrihaspati dit : « Lorsque *un héritier* se » présente, il doit recevoir une part des *biens com-* » *muns*, soit que le partage ait été fait, soit qu'il ne » l'ait pas été. » *(pendant son absence)*.

§. 2 « *Un héritier :* » un ayant droit.

§. 3. « *Biens communs* » communs à tous.

§. 4. *L'auteur ajoute* « Que son père ou son » ancêtre paternel ait laissé des dettes, des titres, » une maison ou un champ, il recevra lors de son » retour, la part à laquelle il aura droit, même » après une longue absence. »

§. 5. Ce texte ne veut pas dire que lui seul prendra la part à laquelle il aura droit, mais aussi que des héritiers jusqu'au septième degré prendront leurs parts, comme le même auteur l'a déclaré : « Si un » homme quitte la famille commune et demeure » dans un autre pays, sa part doit sans aucun doute » être donnée à ses héritiers mâles lors de leur retour. » Que l'héritier soit au troisième ou (¹) au cinquième

---

(¹) « La particule *ou (va)* s'applique aux degrés non men- » tionnés, mais compris dans le septième : par conséquent, » les descendants jusqu'au septième degré peuvent faire valoir » leurs droits, lors de leur retour d'un pays étranger ; mais il » n'en est pas ainsi des descendants au huitième degré ou à un » degré plus éloigné. » Ceci est une observation tirée du commen- taire du Daya Bhaga, par Sri Crisna. Un auteur nommé

» *ou* même au septième degré il recevra sa part héré-
» ditaire, en prouvant sa naissance et son nom. »
Quand les héritiers légitimes d'un homme que les
voisins et *les anciens habitants* savent par tradition
avoir été le propriétaire se présentent, les parents
doivent leur abandonner *les terres.*

§. 6. « *Les anciens habitants :* » c'est-à-dire les
cognats.

§. 7. « *Les voisins* : » Ceux qui demeurent dans
le voisinage.

§. 8. « *Les terres* : » cette expression est employée
figurativement, pour désigner toutes les espèces
de biens.

Achyuta, interprète autrement le passage: voici comment il
argumente : « (Qu'il soit au troisième *ou* au cinquième *ou* même
» au septième degré.) » La particule *ou* prend ici un sens indéterminé. En conséquence, si lors du décès de *l'ancêtre propriétaire,* un descendant compris dans le degré d'arrière petit-fils
se trouve être le plus proche parent vivant, en ligne directe,
alors puisque le bien doit se transmettre en succession régulière à la postérité, le descendant (¹) même au-delà du septième
degré peut avoir un titre légal ; mais si au décès de *l'ancêtre
propriétaire,* le plus proche parent vivant en ligne directe est
fils de l'arrière petit-fils, alors puisqu'il n'a pas de titre, n'étant
pas habile à présenter l'offrande funéraire, son fils, quoique au
cinquième degré de *l'ancêtre propriétaire,* n'a aucun droit à
l'héritage. » Sri Crisna relève cette argumentation dans son
commentaire de Jimuta Vahana et répond : « Cela est inexact,
» car s'il en était ainsi, il n'y aurait aucune différence entre la
» position de celui qui est resté dans son pays et celle de celui
» qui a été en pays étranger, et le texte serait par conséquent
» superflu. »

(¹) Le descendant de *l'ancêtre propriétaire* quoique au huitième degré,
peut avoir un titre légal parce que dans ce cas son droit est conservé par
le descendant au troisième degré encore vivant au décès du *propriétaire.*

§. 9. C'est donc un point arrêté que celui qui s'est transporté en pays étranger à une époque à laquelle aucun partage n'avait eu lieu, et qui se présente après une longue absence, de même que ses descendants jusqu'au septième degré, doivent recevoir une part légale des biens de la succession, après s'être fait reconnaître par les anciens habitants et voisins.

§. 10. Telle est la loi relative à l'allocation d'une part au cohéritier qui s'est transporté en pays étranger.

§. 11. Mais les descendants de celui qui est toujours resté dans son propre pays, ne peuvent après le quatrième degré, prétendre à participer à la succession ; car il a déjà été établi que l'héritier au cinquième degré ne confère aucun bienfait au propriétaire décédé, puisqu'il n'est pas habile à lui présenter des offrandes funéraires aux obsèques solennelles.

CHAPITRE X.

DU PARTAGE ENTRE FILS NÉS DE LA MÊME MÈRE, MAIS DE PÈRES DIFFÉRENTS.

§. 1er. Vishnou dit. « S'il y a deux fils engen-
» drés par deux pères, mais nés de la même mère
» (¹, que chacun prenne ce qui appartenait à son
» père et non pas l'autre. » Que le fils prenne le bien
de celui dont la semence l'a produit et non pas
l'autre, c'est-à-dire, le fils né de la semence d'un
autre ne doit pas le prendre : tel est le sens.

§. 2. En conséquence la loi qui concerne les partages égaux, etc., ne s'applique pas à ce cas.

§. 3. De même, lors d'un partage entre des fils
de cette nature, que chacun prenne (à l'exclusion
de l'autre) dans le bien de sa mère, ce qu'elle a
pu recevoir de son père respectivement, suivant
le texte de Nareda qui l'ordonne. « Si deux fils engen-
» drés de pères différents, réclament le bien de
» leur mère, que chacun prenne ce qui provient
» de son père et que l'autre n'y participe pas. »

§. 4. Cependant, dans le cas d'une acquisition

(¹) Voilà de véritables frères *utérins* dont les droits sont
ici établis ; Il est donc certain que dans les précédents chapitres l'auteur entendait parler de frères germains, et c'est par
erreur que M. Loiseleur a appliqué le mot utérin à des cas
differents de celui qui est prevu dans le présent chapitre.

faite exclusivement par la mère, ils doivent partager également (¹).

(¹) Naturellement aussi on doit conclure que toutes les
espèces de biens particuliers d'une femme devraient ici être partagées également entre ses fils, dans tous les cas où d'après la loi
ils seraient ses héritiers, l'article quatre du présent chapitre
pouvant toujours s'appliquer avec la même justesse et la même
équité, que dans celui spécialement prévu.

CHAPITRE XI.

DU DROIT D'UN COHÉRITIER DE FAIRE UNE DONATION OU AUTRE ALIÉNATION DE BIENS COMMUNS.

§. 1ᵉʳ. Quelques auteurs prétendent qu'un cohé-ritier ne peut faire un don de biens communs, puisqu'il existe une prohibition contre une aliéna-tion de cette nature, dans ce texte de Vrihaspati. « La prohibition de donner est de huit espèces. » Un homme ne donnera pas de biens communs, » ni son fils, ni sa femme, ni un gage, ni la totalité » de son bien, ni un dépôt, ni une chose empruntée » pour l'usage, ni ce qui a été promis à un autre; » et ils ont en outre induit le défaut de droit du cohé-ritier de donner la totalité du bien immobilier, ou une chose appartenant en commun à la famille, des deux textes suivants de Vyasa : « Un cohéritier seul » ne peut pas, sans le consentement des autres, don- » ner ou vendre la totalité du bien immobilier, ni » ce qui est commun à la famille. » — « Des parents » séparés sont égaux aux parents communs pour » ce qui concerne les immeubles : car un seul n'a » pas de droit sur le tout, pour le donner, l'hypo- » théquer ou le vendre. »

§. 2. L'opinion avancée par ceux qui maintiennent la nullité d'une vente ou d'une donation (de biens communs) faite à la volonté d'un seul cohéritier est fondée sur la doctrine que les cohéritiers ont un droit général à la propriété : En un mot, que tous ont droit à la totalité du bien. Cette opinion est erronée; car elle a été rejetée par l'auteur du Daya Bhaga et il n'existe aucune autorité pour l'appuyer.

§. 3. Conséquemment, l'auteur du Daya Bhaga ayant cité les textes de Vyasa pour les réfuter et ayant relevé l'argumentation tirée de ces textes par ceux de l'opinion opposée, à savoir: le défaut de pouvoir dans un cohéritier seul pour faire une donation, dit : « Car *ici également, il existe aussi un* » *droit de propriété consistant dans le pouvoir de* » *disposer à son gré.* » Et ajoute: « Mais les textes » de Vyasa qui établissent une prohibition ont pour » but de montrer une offense morale, puisque la » famille souffre par la vente, le don, ou autre » aliénation, qui indique dans le cohéritier une » disposition à faire un mauvais usage de son pou- » voir comme propriétaire, et nullement d'inva- » lider la vente ou autre aliénation. » Ceci est décidé.

§. 4. « *Comme dans le cas de tous autres biens* : » C'est-à-dire de biens non communs.

§. 5. « *Ici également:* » Dans le cas même de terres possédées en commun.

§. 6. « *Il existe aussi:* » C'est-à-dire qu'il n'y a pas de différence dans la nature du droit.

§. 7. Ainsi, puisqu'il n'existe pas chez les cohéritiers de droit général à la propriété, c'est une erreur de supposer que l'existence de plusieurs propriétaires constitue une communauté véritable, et par conséquent on doit considérer ce genre de communauté, seulement comme l'état d'indivision : car puisque le droit de propriété existe dans les biens communs même avant le partage, rien n'empêche que même à cette époque un cohéritier ne puisse donner ou aliéner la part qui lui appartient. Telle est l'opinion de l'auteur du Daya Bhaga, qui maintient que chaque cohéritier est investi d'un droit particulier à une certaine portion du bien, qui doit être désignée par l'opération du partage : D'ailleurs, Nareda dit : « Lorsque » parmi plusieurs héritiers d'un même individu, » qui ont des devoirs, des occupations ou des carac- » tères différents, quelques-uns ne s'accordant pas » en affaires désirent vendre ou donner leurs parts, » ils peuvent le faire à leur gré, car ils sont maîtres » de leur bien (¹). » Et montre par là que lorsqu'un cohéritier veut opérer des transactions, il a le droit de donner sa part ou d'en disposer autrement sans le consentement des autres.

(¹) L'interprétation donnée ici à ce texte de Nareda, est ainsi appuyée par Sricrisna, dans son commentaire. « Ce texte a en » vue une donation ou aliénation faite par un homme bien dis- » posé pour sa famille, mais la prohibition (établie par *Vrhas- » pati* §. 1ᵉʳ) se réfère à une personne mal disposée (conséquem- » ment il n'y a pas de contradiction). Il est expressément établi » ici, que le don ou l'aliénation est valide sans le consentement » des cohéritiers, et s'il s'agissait des acquisitions personnelles » d'un homme, le passage serait sans objet, puisqu'il est évident » qu'il aurait le droit de disposer de ce qu'il aurait acquis lui- » même. » Un autre auteur dit : « Ces passages n'ont pas pour » but d'établir le défaut de pouvoir de la part d'un cohéritier » pour faire un don ou une vente, puisqu'en matière d'immeu- » bles comme de tous autres objets le droit de propriété consiste » dans le pouvoir d'en disposer à volonté, et puisque ces textes » ne peuvent pas déclarer nul, un don actuellement fait et con-

§. 8. Il ne faut pas prétendre que ce texte se rapporte au cas de séparation, car puisque le défaut de droit de propriété (d'un cohéritier à la portion dévolue à un autre) est dans ce cas évident, le consentement de l'un aux transactions de l'autre, est

---

» sommé par l'abandon de la propriété; car *le fait ne saurait être changé par cent textes* (¹). Mais la prohibition est faite pour des personnes mal intentionnées, afin de blâmer l'aliénation de biens communs comme une action coupable, parce qu'elle est nuisible à la famille, s'il n'existe pas de motifs suffisants pour la faire, tels que les besoins de la famille, etc. En conséquence Nareda autorise les ventes et autres aliénations et donne pour cela une raison toute spéciale : *Parce qu'ils sont maîtres de leurs propres biens.* Le texte d'ailleurs se rapporte aux immeubles, autrement il ne serait pas pertinent. »

Le passage en question est cependant tout autrement entendu par l'autre école, le Smriti Chandrica maintenant qu'il ne s'applique qu'aux cohéritiers qui ont fait un partage et qu'il a pour but d'établir pour ce cas leurs droits séparés et indépendants, et le Mitacshara soutenant aussi qu'une aliénation de biens communs par un cohéritier seul, est nulle : Voici le passage :

« Le passage suivant : (Des parents séparés sont en ce qui concerne les immeubles égaux à ceux qui vivent en communauté car un seul n'a pas pouvoir sur le tout pour faire une donation, une vente ou une hypothèque) doit être ainsi interprété: Parmi des parents vivant en communauté, le consentement de tous est indispensable, car aucun n'a le pouvoir de faire une aliénation, puisque le bien est commun; mais parmi des parents séparés, le consentement de tous tend à faciliter la transaction en prévenant tout doute futur sur le point de savoir s'ils étaient séparés ou non. Il n'est pas requis à cause d'un défaut de pouvoir suffisant de la part du propriétaire, et conséquemment la transaction est valide, même sans le consentement des parents séparés. »

(¹) Ceci est un axiome de droit Hindou, suivant la doctrine du Bengale.

tout à fait hors de question. Puisqu'il en est ainsi, le texte de Vrihaspati précité, qui énumère les biens communs parmi les choses qui ne peuvent être données, doit être simplement considéré comme une prohibition n'ayant aucunement pour

---

Au surplus, M. Colebrooke consulté sur le droit d'aliénation de biens communs par un cohéritier seul, discute lumineusement la question après l'avoir ainsi posée :

« Un Hindou commun en biens peut-il faire une donation » et jusqu'à quelle valeur le peut-il ? »

Suivant les autorités en droit Hindou qui sont suivies au Bengale, un membre d'une famille vivant dans l'indivision peut donner ou autrement aliéner, jusqu'à concurrence de sa part du bien indivis ; et je pense que ses dispositions testamentaires seraient maintenues ici, c'est-à-dire dans les limites de la province du Bengale, conformément à la doctrine de Jimuta Vahana, que le don ou autre aliénation de biens communs par un cohéritier commun en biens, peut être un acte immoral, mais n'est pas un acte nul. Il en serait autrement dans les autres provinces. Les auteurs de l'école du Tirhoot maintiennent que la donation est nulle, et les arguments par lesquels ils soutiennent cette opinion sont peut-être poussés trop loin, puisqu'ils tendent à faire considérer comme nulle, une donation excessive faite par un propriétaire unique. On en peut dire autant de l'école de Bénarès. Les autorités prédominantes dans la péninsule ou partie méridionale de l'Inde, sont presque aussi positives. Le Smriti Chandrica dit : que l'autorité souveraine doit ordonner la restitution d'un don prohibé (*Adeya*) aussi bien que d'une donation nulle, parce que le droit de propriété n'est ni abandonné (*par le donateur*) ni acquis (*par le donataire*), puisque la donation est sans effet quoique faite et acceptée, si elle est nulle. Un auteur remarquable de l'école de Bénarès (qui suit l'opinion du Mitacshara de Vijnyaneswara) cite ce passage et reconnaît la doctrine qui y est établie : « Un homme peut aliéner ses propres acquisitions, même sans le » consentement de ses frères communs. » Il faut remarquer

effet d'invalider le transfert: c'est aussi de cette manière que décide le Smriti Saguru et d'autres ouvrages.

§. 9. Par conséquent, une donation faite par un cohéritier de sa part des biens communs, est vali-

---

que ces acquisitions constituent un bien particulier à l'acquéreur et sont par conséquent régies par d'autres règles.

Ni cet auteur ni aucun autre de la même école, que je sache, ne s'est occupé de la distinction établie par ceux du Bengale, entre les donations qui excèdent la part du donateur et celles qui ne dépassent pas la valeur à laquelle il peut avoir droit, et celle aussi établie par la même école, entre les donations prohibées et les donations nulles. Les jurisconsultes du Bengale afirment que les donations prohibées *(Adeya)*, parmi lesquelles on doit comprendre celle de biens communs, sont immorales et même punissables; mais non pas nulles ou sujettes à l'annullation, tandisque les donations de l'autre espèce *(Adatta)* sont à la fois et nulles et punissables. Le Mitacshara de Vijnyaneswara, ne fait pas cette distinction, quoique l'auteur indique des dons prohibés; 1° ceux qu'on ne doit pas faire à cause du défaut de pouvoir; 2° ceux qui ne doivent pas être faits, parce qu'il existe une prohibition expresse. Je ne comprends pas sur quoi fondé, Jaggannatha affirme dans son digeste (vol. 2 pag. 105). Que sa manière de faire accorder les opinions divergentes en admettant le droit du cohéritier d'aliéner les biens communs jusqu'à concurrence de sa part, est en harmonie avec la doctrine de Vijnyaneswara. L'aliénation de biens communs est comprise par cet auteur dans la classe des dons qui ne doivent pas être faits, parce qu'ils sont prohibés, et la seule distinction qu'on puisse réellement inférer de sa doctrine est que les dons prohibés à cause du défaut de droit de propriété sont nécessairement nuls et de nul effet; mais que les dons prohibés seulement par des règles générales peuvent être valides dans certains cas prévus par la loi, tels qu'un besoin urgent, les nécessités de la famille et les cérémonies réligieuses prescrites par un devoir indispensable. On peut objecter à Vijnyaneswara et au Smriti Chandrica,

de, soit qu'elle ait été faite avant, soit qu'elle ait été
faite après le partage.

---

que les textes qui prohibent les aliénations de biens communs
ou de la totalité des immeubles d'un père de famille, par
conséquent de nature à affecter l'aisance de la famille, défen-
dent également les ventes et les hypothèques, de manière que
ces transactions seraient aussi nulles quoiqu'une somme considérable eut été payée. Cependant, on peut jusqu'à un certain
point, empêcher que de tels actes soient préjudiciables, en
déclarant le vendeur et ses biens particuliers responsables des
sommes ou effets reçus, et l'équité parait exiger qu'en pareil
cas un partage, soit ordonné par justice, afin de forcer le vendeur à rembourser au moyen de la part séparée qui lui serait
allotie. Mais pour le cas d'une aliénation à titre gratuit les
mêmes difficultés ne se présentent pas, et je pense que d'après
la loi Hindoüe telle qu'elle est enseignée dans le Mitacshara
et le Smriti Chandrica, il faut décider que l'aliénation testamentaire (considérée comme donation) d'une part indivise de biens
communs, n'est pas valable, et qu'on n'en peut même aliéner
de cette manière aucune portion, excepté pour des devoirs
religieux ou autres prescrits au testateur et compris dans les
exceptions prévues par la loi.

10.

CHAPITRE XII.

DE L'ESCLAVAGE.

SECTION I⁰.

DES DIFFÉRENTES ESPÈCES D'ESCLAVES.

§. 1ᵉʳ. Les dettes contractées par un esclave pour le soutien de la famille de son maître, pendant qu'il était dans un pays étranger, ou ailleurs, doivent être entièrement soldées par le maître. Manou dit : « Que le maître ne méconnaisse pas » une *obligation* quelconque consentie pour le bé- » néfice de sa famille par son *dépendant*, dans son » propre pays ou ailleurs » (¹).

§. 2. « *Dépendant* : » Son esclave.

§. 3. « *Une obligation* : » Une dette etc Il y a quinze espèces d'esclaves, ainsi désignées par Nareda : « Celui qui est *né dans la maison de son maître ;* » celui qui a été reçu (par donation); celui qu'on » a *recueilli dans la succession* (d'un ancêtre); » celui qu'on a *entretenu dans un temps de famine ;* » celui qui a été *mis en gage par un maître précé-* » *dent.* Celui qui a été *débarrassé d'une dette im-* » *portune;* celui qui a été fait prisonnier à la guerre :

_____

(¹) Manou 8. 167. « Lors même qu'un esclave fait une tran- » saction quelconque, *un emprunt, par exemple,* pour la famille » de son maître, celui-ci, qu'il ait été absent ou non, ne doit » pas refuser de la reconnaître. » Loiseleur.

» Un esclave gagné à un pari : Celui qui s'est offert
» dans cette forme ; « *je suis à toi :* » Un *apostat* de
» l'ordre des Sannyasis : Un esclave pour un temps
» *limité* : Celui *qu'on maintient* en considération
» des services qu'il rend : Celui qui s'est fait esclave
» pour *obtenir la possession d'une femme* ; et celui
» qui s'est vendu, sont les quinze espèces d'esclaves
» reconnues par la loi. »

§. 4. « *Né dans la maison :* » Né d'un esclave du
sexe féminin, dans la maison de son maître.

§. 5. « *Recueilli dans la succession :* » Acquis par
héritage.

§. 6. « *Entretenu dans un temps de famine :* »
A cause de la disette.

§. 7. « *Mis en gage par un maître précédent :* »
Donné en garantie à l'occasion d'un emprunt contracté.

§. 8. « *Débarrassé d'une dette importune :* » Celui qui a consenti à se faire esclave pour se débar-
rasser d'une dette considérable. Tel est le sens.

§. 9. « *Je suis à toi :* » Celui qui n'étant l'esclave
de personne, consent à le devenir de cette manière.

§. 10. « *Un apostat :* » Celui qui déserte d'un
ordre de Sannyasis.

§. 11. « Pour un temps *limité :* » Celui qui
influencé par un motif quelconque, contracte un
engagement dans cette forme : « Je suis à toi pour
» un certain temps indiqué. »

§. 12. « *Qu'on maintient :* » Celui qui même dans
un temps d'abondance a consenti à se faire esclave
pour s'assurer des moyens de subsistance.

§. 13. « *Pour obtenir la possession d'une femme :* »

Celui qui a consenti à se faire esclave, sous l'influence de la concupiscence; Vrihaspati a dit: « Mais l'homme qui cohabite avec l'esclave femelle » d'un autre, doit être considéré comme s'étant fait » esclave pour obtenir la possession d'une femme; » il doit travailler pour *le maître* comme d'autres » esclaves ou comme des domestiqués pour un » salaire. »

§. 14. « *Le maître :* » Le maître de l'esclave femelle.

§. 15. Nareda dit ce qui suit, relativement à l'apostat : « Le religieux mendiant qui apostasie, » devient l'esclave du Roi: Il doit donner deux » vaches et ne peut jamais être émancipé ni puri- » fié. »

§. 16. Parmi ces apostats, ceux seulement qui sont des classes Cshatriya ou Vaisya, deviennent esclaves du Roi; mais les brâmes qui agissent ainsi doivent subir la peine du bannissement au lieu de celle de l'esclavage. Ainsi l'ordonne Catyayana : « Si » des hommes des trois classes régénérées renon- » cent à la mendicité religieuse, que le Roi ban- » nisse ceux de la classe sacerdotale et reduise à » l'esclavage ceux des classes militaire ou commer- » çante. »

SECTION II.

DE L'ÉMANCIPATION.

§. 1er. Parmi les esclaves qui viennent d'être désignés, les quatre premiers : (Celui qui est né dans la maison, celui qui a été acheté, celui qui a été reçu, celui qui a été recueilli par succession) et celui qui s'est vendu lui-même, ne peuvent être légalement délivrés de l'esclavage, s'ils ne sont émancipés par la volonté de leurs maîtres.

§. 2. Un esclave *maintenu dans un temps de famine*, est de droit émancipé en remboursant ce qu'il a consommé pendant la disette, et en donnant à son maître une paire de bœufs.

§. 5. *Un esclave maintenu* en *considération de ses services* est affranchi, s'il renonce à la subsistance qui lui est fournie.

§ 4. *Celui qui s'est fait esclave pour obtenir la possession d'une femme* est émancipé lorsqu'il cesse de cohabiter avec elle.

§ 5. *Un esclave mis en gage* redevient la propriété du débiteur, par le remboursement de la somme due.

§. 6. Si quelqu'un de ces esclaves sauve son maître d'un danger menaçant ses jours, ou d'un péril imminent, il a droit à la liberté.

§. 7. Catyayana dit: « Lorsqu'une femme libre, » ou qui n'est pas l'esclave du même maître, épouse » un esclave, elle même devient l'esclave du maître » de son époux, car son époux est son maître, et » ce maître est soumis à la domination d'un autre. »

§. 8. Ici, la connexité que le mot esclave présente à l'esprit, fait comprendre que la femme devient l'esclave femelle du maître que ce mot corrélatif indique.

§. 9. Il y a deux espèces d'esclaves du sexe féminin; 1° celle qui n'était l'esclave de personne; 2° celle qui était l'esclave d'un autre.

§. 10. La première est celle qui, par le fait de

son mariage avec un esclave; devient elle-même l'esclave du maître de son mari.

§. 11. La seconde est celle qui devient esclave du maître de son époux, par la permission de son propre maître et non autrement.

§. 12. De même, par parité de raisonnement, si un homme qui n'est l'esclave de personne épouse un esclave femelle, il devient lui même l'esclave du maître de sa femme.

§. 13. Mais si un homme, esclave d'un autre, se marie du consentement de son maître, il devient l'esclave du maître de l'esclave femelle.

§. 14. De même, si un esclave femelle, sans la permission de son maître, épouse l'esclave d'un autre, chacun continue d'appartenir à son maître respectif; mais leurs enfants doivent être partagés par les propriétaires.

§. 15. Il ne faut pas conclure des textes suivants de Manou: « L'homme dans le champ duquel une » semence apportée par l'eau ou par le vent, vient à » germer, est propriétaire de la plante; celui qui » l'a répandue n'en recueille pas le fruit » (¹). « Telle » est la loi concernant les petits des vaches et des » juments, des femelles du chameau, des chèvres,

---

(¹) Manou. 9. 54. L'homme dans le champ duquel une graine apportée par l'eau ou par le vent à pousser, garde pour lui la plante qui en provient; celui qui n'a fait que semer *dans le terrain d'un autre* ne récolte aucun fruit.

Manou. 9. 55. Telle est la loi concernant les petits des vaches des juments, des femmes esclaves, des femelles du chameau, des chèvres, des brebis, des poules et des femelles du buffle. Loiseleur des Longchamps.

» des brebis, des filles esclaves, des poules et des
» femelles du buffle, » que ces produits appartiennent exclusivement au propriétaire ; car l'esclave
femelle qui est désignée dans ces textes, est celle
qui s'étant une fois mariée (a plus tard contracté
un autre mariage avec l'esclave d'un autre propriétaire) ; mais les enfants d'une esclave femelle mariée
régulièrement de la manière que nous avons indiquée, doivent être partagés.

§. 16. Le résumé de la loi des successions est
aussi terminé par Sri Crisna Tercalancara Bhutta-
charruj.

OBSERVATIONS

La tâche que je m'étais d'abord proposée est terminée ; mais deux questions, ayant un rapport intime avec la matière des successions ont été passées sous silence dans l'ouvrage que j'ai traduit : Je veux parler de l'adoption et du pouvoir testamentaire ; ce dernier sujet, en effet, ne pouvait attirer l'attention de Sricrisna Tercalancara, parce que le pouvoir d'un homme de disposer de ses biens pour le temps où il ne serait plus, n'a jamais été reconnu ni même soupçonné par les anciens jurisconsultes Hindoux : *Non omnes gentes condiderunt testamenta, non Germani, non Athenienses antè Solonem, non Hebræi, non* INDI, *veluti Siamenses;* dit Heyneccius. Quant à l'adoption, quoique le Daya Crama Sangraha ne s'en soit pas spécialement occupé, non seulement il faut reconnaître qu'elle a toujours été admise comme un droit ; mais on peut dire qu'elle a été prescrite comme un devoir à tout Hindou dépourvu de postérité mâle, les solennités funèbres en l'honneur des ancêtres décédés, étant obligatoires pour toutes les classes. Il existe à ce sujet deux traités spéciaux, l'un le Dattaca Mimansa, plus étendu mais fort diffus, par Nanda Pandita ; l'autre plus concis et moins obscur, le Dattaca

Chandrica, par Devanda Bhatta ; mais ce serait beaucoup trop étendre le présent volume et changer
entièrement le but énoncé dans son introduction,
que de vouloir y ajouter la traduction, même du
moins volumineux de ces ouvrages; cependant j'espère que l'importance de la matière me fera par-
donner, si j'emploie quelques pages à établir aussi
succinctement qu'il me sera possible, ce qu'est
l'adoption chez les Hindoux, son but, les princi-
pales formalités à remplir pour la rendre valide et
son effet par rapport aux successions; et à examiner
si l'on doit admettre le pouvoir testamentaire en
droit Hindou, et dans le cas de l'affirmative dans
quelles limites il doit être restreint (¹).

De l'Adoption.

On a déjà pu remarquer que chez les Hindoux
tout le système de la loi civile sur les successions,
est réglé par la croyance religieuse de l'existence
d'un enfer ou lieu de souffrances, nommé *Put*, où
les hommes décédés sans postérité sont renfermés
et soumis aux tourments de la soif et de la faim.
Ceux qui en mourant laissent de la postérité masculine, sont délivrés de ces tortures si leurs héritiers font à leurs mânes les offrandes de gâteaux
funèbres prescrites par les Védas; par conséquent
rien n'est plus désirable, plus nécessaire même

(¹) Ces réflexions ne sont que le résultat de mes observations personnelles et n'ont par conséquent aucune autorité;
mais elles peuvent servir, je pense, à ouvrir la voie à une étude
plus approfondie.

pour un Hindou, que de laisser après lui des personnes habiles à lui rendre un aussi grand service.
Telle est l'importance que les anciens législateurs
attachaient à l'accomplissement de ces cérémonies
religieuses, que non seulement ils les avaient imposées aux héritiers dans un ordre réglé, comme un
devoir indispensable; mais qu'en considération des
bienfaits qu'ils croyaient en résulter pour les décédés
ils avaient voulu que ceux-là à qui il incombait de
faire les offrandes funéraires prescrites, recueillis-
sent aussi, comme récompense de leur zèle, les
biens laissés par ceux qui profitaient des offrandes,
le droit de succéder étant en raison des bienfaits
conférés (¹). C'est à cause de cette nécessité de laisser
un fils « *Putra* » pour les délivrer du lieu qui faisait l'objet de leur terreur « *Put*, » qu'on avait fait
une obligation essentielle du mariage, en prescri-
vant rigoureusement au père de famille de marier
ses filles, même avant l'âge nubile. Aussi ne voit-
on encore aujourd'hui qu'un bien petit nombre
d'Hindoux vivre dans le célibat et sans doute qu'autrefois on en voyait moins encore. Cependant,
comme le mariage n'était pas nécessairement suivi
du résultat désiré, le législateur, indépendamment
de la faculté de prendre une seconde femme, qui
évidemment n'était accordé dans le principe que
pour ce cas (²) avait indiqué plusieurs autres per-

(¹) Voir ci-dessus page 21. §. 15.
(²) 81. Une femme stérile doit être remplacée la huitième
année; celle dont les enfants sont tous morts, la dixième;
celle qui ne met au monde que des filles, la onzième; celle
qui parle avec aigreur, sur le champ.

sonnes qui, dans les conditions établies par la loi, pouvaient accomplir les rites prescrits par les Védas, et comme alors ces personnes remplissaient, par rapport aux parents et ancêtres décédés, les obligations imposées aux fils légitimes, elles recevaient aussi cette dénomination et en recueillaient tous les avantages.

Manou indique onze de ces fils subsidiaires, comme ils sont souvent appelés, non compris le Putrica Putra, ou fille désignée pour produire un héritier à son père dont il a déjà été parlé, et qui aux yeux de la loi était égale au fils légitime.

Voici le passage qui indique tous ces fils, tel qu'il est traduit par Monsieur Loiseleur: Chapitre 9.

§. 166. Le fils qu'un homme engendre lui-même avec la femme à laquelle il est uni par le sacrement *du mariage*, étant légitime (urasa), doit être reconnu comme le premier en rang.

§. 167. Celui qui est engendré, suivant les règles prescrites, par la femme d'un homme mort, impuissant ou malade, *laquelle est autorisée à cohabiter avec un parent*, est dit le fils de l'épouse.

§. 168. On doit reconnaître comme fils *donné*, celui qu'un père et une mère, *d'un consentement mutuel*, donnent en faisant une libation d'eau, à une personne qui n'a point de fils, l'enfant étant de la même classe que cette personne et témoignant de l'affection.

§. 169. Lorsqu'un homme prend pour fils un jeune garçon de la même classe que lui, qui connaît l'avantage *de l'observation des cérémonies funèbres* et le mal *résultant de leur omission*, et doué de toutes les qualités estimées dans un fils, cet enfant est appelé fils adoptif.

§. 170. Si un enfant vient au monde dans la demeure de quelqu'un, sans qu'on sache quel est son père, cet enfant, né clandestinement dans la maison, appartient au mari de la femme qui l'a mis au monde.

§. 171. L'enfant qu'un homme reçoit comme son propre fils, après qu'il a été abandonné par le père et la mère, ou par l'un des deux, *l'autre étant mort*, est appelé fils rejeté.

§. 172. Lorsqu'une fille accouche secrètement d'un fils dans la maison de son père, cet enfant, qui devient celui de l'homme que cette fille épouse, doit être désigné par la dénomination de fils d'une demoiselle.

§. 173. Si une femme enceinte se marie, que sa grossesse soit connue ou non, l'enfant mâle qu'elle porte dans son sein appartient au mari, et il est dit reçu avec l'épouse.

§. 174. L'enfant qu'un homme désireux d'avoir un fils *qui accomplisse le service funèbre en son honneur*, achète de son père ou de sa mère, est appelé fils acheté, qu'il lui soit égal ou non *en bonnes qualités; l'égalité sous le rapport de la classe étant exigée pour tous ces fils.*

§. 175. Lorsqu'une femme abandonnée de son époux, ou veuve, en se remariant de son plein gré, met au jour un enfant mâle, il est appelé fils d'une femme remariée.

§. 176.

§. 177. L'enfant qui a perdu son père et sa mère,

ou qui a été sans motif abandonné par eux, et qui s'offre de son propre mouvement à quelqu'un, est dit donné par lui-même.

§. 179. Le fils engendré par un Soudra et par une femme son esclave, ou par l'esclave femelle de son esclave mâle, peut recevoir une part d'héritage, etc.

Ces différentes espèces de fils se nommaient :

1° L'Aurasa ou fils légitime, littéralement issu du sein (uras). Le Putrica Putra, ou fille désignée pour produire un fils, comme le mot l'indique, était ainsi que je l'ai dit, considéré par la loi comme l'égal de l'Aurasa, et c'est probablement pour cela que Manou qui en parle ailleurs : Ne l'indique pas dans l'énumération qui vient d'être faite ;

2° Cshétraja, fils de la femme, et littéralement, né dans le champ du mari.

5° Dattaka ou Dattrima, ou fils donné ;

4° Critima, ou fils fait ;

5° Gudhaja, ou fils d'une naissance cachée ;

6° Apaviddha, ou fils rejetté, fils abandonné ;

7° Canina, fils d'une fille non mariée ;

8° Sahodha, fils d'une femme enceinte ;

9° Crita, fils acheté ;

10° Pauner Bhava, ou Para Purva, fils d'une femme remariée ;

11° Souayan Dhatta, fils qui s'est donné lui-même, ou fils soi-donné ;

12° Saudra, fils d'une Soudra ;

Quelques auteurs distinguent entre le Putrica Putra et l'Aurasa mais cependant le plus grand nombre les considèrent comme égaux et légitimes, et du

reste j'ai suivi l'ordre établi par le livre de Manou,
comme on peut le voir. Aujourd'hui le Dattaca ou fils
donné en adoption est le seul que la loi reconnaisse
généralement comme ayant, à défaut d'enfants ou
descendants légitimes, le droit de présenter l'offrande funéraire et par conséquent le seul qui soit
habile à hériter : cela résulte d'un passage de la
note générale relative aux parties abrogées de la
loi ancienne, qui se trouve à la fin du livre de
Manou par M. Loiseleur : « La filiation de tout au-
» tre que d'un fils légalement engendré ou *donné*
» *en adoption par ses parents* est prohibée dans
» l'âge actuel. » Cependant on pourrait peut-être
admettre la légitimité de la forme adoptive indiquée
sous le n° 4 et sous le nom de Critima, qui, ainsi
qu'on le verra ci-après est, suivant M. Sutherland,
usitée dans le Mithila, de même que dans quelques
localités de la partie occidentale et méridionale de
la péninsule, la coutume d'acheter des enfants pour
les adopter paraît encore prévaloir : Mais en trai-
tant de l'adoption, je n'entends parler que de la troisième espèce de fils indiquée dans l'énumération
qui précède : c'est-à-dire le Dattaca ou Dattrima,
ou fils donné ; c'est le seul mode d'adoption universellement reconnu comme légal, et s'il existe
dans quelques endroits des coutumes différentes,
ce qui paraît incontestable, elles ne peuvent être
considérées que comme des exceptions à la règle,
et ne peuvent être bien appréciées que dans les localités où elles prévalent.

En France l'adoption n'est permise, aux termes
de l'article 545 du code civil, qu'aux personnes

qui n'ont ni enfants ni descendants légitimes, et par le droit Hindou, elle est aussi défendue à celles qui ont de la postérité masculine ; mais le motif de cette prohibition dans l'Inde, vient de ce que l'adoption, comme je me suis efforcé de le faire comprendre, est autorisée seulement comme un moyen pour celui qui n'a pas d'héritiers habiles à offrir le Pinda, de pourvoir à ce que ses mânes ne soient pas privées du bénéfice résultant, d'après leur croyance, de cette solennité funèbre. Par conséquent, il semble logique de penser que celui dont le fils ou autre héritier naturel, par perte de caste, dérangement de ses facultés mentales ou maladie incurable, serait devenu incapable de faire les obsèques, put, aussi bien que celui qui n'a pas d'héritiers, se créer un fils par adoption. De même aussi, lorsqu'un fils adoptif vient à décéder ou se trouve dans un des cas prévus par la loi pour le rendre inhabile à remplir les devoirs d'un fils, une seconde adoption peut avoir lieu.

En cas de mariage, le droit d'adoption appartient au mari seul, puisque la femme ne peut elle-même adopter un enfant sans le consentement de son époux, ni s'opposer à ce qu'il le fasse lui-même, quoique l'enfant adopté en opposition à ses désirs devienne le fils de l'un et de l'autre : La femme ainsi qu'il a été établi dans les premiers chapitres du Daya Crama (page 41 §. 15 et passim), participant aux offrandes faites à son époux décédé. Ceci résulte d'ailleurs des termes formels du Dattaca Mimansa et notamment des passages suivants : section 1re §. 15 (« Par un homme qui n'a pas de fils »). « Le

» genre masculin étant ici employé, il suit que la
» femme n'a pas le pouvoir (d'adopter), c'est pour-
» quoi Vasishta ordonne (« Qu'une femme ne donne
» ni *n'accepte un fils* en adoption sans le consente-
» ment de son époux ») (¹) et §. 22 « En conséquence
» de la supériorité du mari, par son acte d'adoption
» seul, l'adopté devient fils de la femme, de même
» que le bien qu'il accepte pour elle, devient sa pro-
» priété. »

Une femme, d'après ce texte, *peut adopter avec
le consentement de son mari*, d'où l'on a conclu
qu'une veuve ne pouvait le faire; mais cette conclusion est contestée et les auteurs du Midi semblent
généralement disposés à admettre qu'une autorisation donnée par ceux des parents du mari qui,
d'après les coutumes locales, devraient être considérés comme les protecteurs ou gardiens de la
veuve, serait suffisante. Plusieurs cas ont été dé-
cidés dans ce sens, comme on peut le voir dans le
second volume de l'ouvrage de M. Strange, page 68
et suivantes : L'on a même admis une autorisation
donnée verbalement à sa mère par un fils
mourant, mais les auteurs du Bengale, s'atta-

(¹) « Et qu'une femme n'accepte pas un fils sans le consente-
» ment de son mari; si une femme accepte un fils sans le con-
» sentement de son époux, elle en devient propriétaire : mais
» l'enfant n'acquiert pas pour cela le droit de célébrer les
» obsèques: Il ne peut ni recueillir la succession, ni offrir le
» Sraddha, car il est établi que l'adoption d'un fils ne peut
» être faite que par l'homme et dans aucun code on ne voit
» ce droit attribué à la femme. »
Digeste de Jagganatha, tome 3. page 244.

11

chiant strictement à ce qui est enseigné dans le Dattaca Mimansa rejettent formellement ces principes,
surtout en ce qui concerne le pouvoir du fils. L'écriture sacrée, disent-ils, établit *que le fils doit pro-
téger* la vieillesse de la mère ; mais nulle part, dans
aucun Shastra, on ne voit que le consentement
du fils puisse être donné pour légitimer une adoption faite par sa mère. Le fils ne saurait, ajoutent-
ils, représenter le père, la protection qu'il doit à
sa mère est celle d'un fils et non d'un époux : Il ne
gouverne pas sa volonté, il ne peut que la diriger :
il ne commande pas, il persuade. En matière d'adoption et autres de pareille importance, il peut offrir
des conseils; mais il n'a pas d'autorisation à donner.
Quoiqu'il en puisse être de cette discussion, je
pense qu'à Pondichéry il faudrait considérer comme
valable, une adoption faite par une veuve autorisée
à la faire par son mari avant son décès, si la preuve
de cette autorisation était suffisamment établie : Et
il paraît bien que des autorisations de cette espèce,
qu'on peut considérer pour ainsi dire comme des
mandats donnés par un mourant, n'étaient pas
inusitées autrefois : cela résulte d'un document rap-
porté par M. Strange, tome 2 page 75 et qui est assez
curieux pour mériter de trouver une place ici.

« Je donne ce pouvoir (dans l'année 1455, le neuf
» de Burnagur) étant atteint d'une maladie invétérée
» qui augmente de jour en jour et dans l'impossi-
» bilité de prévoir ce que la divine providence peut
» ordonner dans quelques instants. C'était mon désir
» d'adopter moi-même un enfant, mais il n'y en a
» pas sous la main. En envoyer chercher un, occa-

» sionnerait un délai que je n'ai aucun espoir de pou-
» voir attendre : c'est pourquoi, de ma libre volonté,
» je vous autorise à adopter un fils. Après ma mort,
» quand vous pourrez trouver un enfant convenable,
» vous pouvez l'adopter *en mon nom*, de manière
» que les offrandes journalières pour le salut de nos
» âmes puissent être dûment présentées et nos pos-
» sessions et dignités conservées. Ces devoirs appar-
» tiendront au fils que vous aurez choisi et à sa pos-
» térité, et à personne autre. De plus vous aurez soin
» de lui procurer une éducation en rapport avec son
» rang, et de confier en temps convenable mes pos-
» sessions et dignités à ses soins. Si vous manquez
» à ces prescriptions, le péché d'avoir négligé mon
» salut pesera sur vous : Je vous ai accordé ce pou-
» voir et j'en suis déchargé. »

De même que celui qui a déjà un fils ou autre
descendant capable de s'acquitter des devoirs prescrits dans l'intérêt de son père ou aïeul, ne peut en
adopter un autre ; de même aussi le père qui n'a
qu'un seul fils capable de remplir ces fonctions ne
peut le donner en adoption, parce qu'il se trouverait, par ce moyen, privé lui-même de ces offrandes
indispensables et en priverait ses ancêtres, à moins
cependant que ce ne soit en faveur de son frère.
Un texte de Vasishta porte : « Un fils formé de fluide
» séminal et de sang utérin provient de son père et
» de sa mère comme un effet de sa cause : Les deux
» ont par conséquent le pouvoir de le donner, de le
» vendre ou de l'abandonner; mais que personne ne
» donne ni n'accepte un fils unique, puisqu'il doit
» être conservé pour produire des héritiers qui

» puissent faire les obsèques de ses ancètres, »
L'exception en faveur d'un frère vient de ce que
lors d'une adoption ainsi faite, les ancètres ne sont
pas privés des offrandes qui leur sont nécessaires, le
fils adoptif ne changeant pas de position par rapport
à eux, et de ce que le père naturel continue lui-
même à en profiter quoiqu'à un moindre degré (¹).
Dans ce cas dailleurs, l'adopté cumule les droits et
les devoirs de fils adoptif de son oncle et de fils
naturel de son père, devenant ainsi Dwyamnshya-
yana, ou fils de deux pères; ce qui n'a pas lieu lorsque l'adopté est d'une parenté plus éloignée de
l'adoptant, à moinsd'une stipulation expresse de la
part du père qui donne l'enfant en adoption, et
d'un consentement formel de la part de celui qui
le reçoit. D'un autre côté, comme plus un homme
a d'héritiers tenus de lui présenter le gâteau funèbre,
plus il en résulte d'avantages pour lui et de certitude
que les cérémonies ne seront pas interrompues : il
n'est pas permis aux parents de donner leurs enfants
en adoption, même lorsqu'ils en ont plusieurs, à
moins d'un cas de nécessité urgente, telle par
exemple qu'un temps de disette qui les mette hors
d'état de pourvoir aux besoins de leur famille; à
plus forte raison cette nécessité doit elle être pres-
sante lorsqu'ils n'ont que deux fils, puisqu'après
en avoir donné un qui cesse dès-lors toute relation
de parenté avec eux, ils sont exposés, par le décès

(¹) Parce qu'il participe aux offrandes faites après son
décès à ceux de ses ancètres auxquels il en faisait lui-même
de son vivant.

ou autre accident peut arriver au seul qui leur
reste, à être eux et leurs ancêtres privés des sacrifices funéraires. C'est par cette raison, comme on
l'a vu qu'il n'est pas permis de donner un fils unique (¹) autrement qu'avec la stipulation dont il a
été parlé plus haut, pour en faire un Dwyamushyayana.

Il a déjà été démontré que le père peut adopter
sans le consentement de la mère : Il reste à établir
qu'il peut aussi donner un enfant en adoption sans
sa participation ; le passage suivant le prouve : « Le
» mari agissant seul et indépendamment de sa femme
» peut donner un fils, car dans les textes le père est
» indiqué seul et sans qu'il soit parlé de la mère, et
» on en trouve une raison dans Baudhayana : » *A*
» *cause de la plus grande abondance de la semence*
» *masculine, les fils sont considérés comme s'ils ne*
» *provenaient pas de la mère.* Dans le Bharatta aussi
» (on trouve une raison): *La mère est la nourrice, le*
» *fils provient* du père, c'est lui (pour ainsi dire) qui
» le produit Un passage de l'écriture sacrée confirme
» aussi cette opinion: *Il* (le père) *renaît véritablement*
» *dans un fils.* « Dattaca Mimansa, section 4 §. 15.

Mais lorsque le mari est décédé, la mère peut

(¹) « Un homme qui n'a qu'un fils unique *(Chaputra)*, ne
» peut le donner. Celui qui en a plusieurs *(Cahuputra)*, peut
» faire un don de cette nature, à cause de *difficultés (Prayut-*
» *natas)* » Texte de Saunaka.

« Celui qui n'a qu'un fils, ou un homme n'ayant qu'un fils,
» un tel homme ne peut faire le don de ce fils, car un texte de
» Vasishta dit : » *Que personne ne donne un fils unique, etc.*
Texte du Dattaca Mimansa.

aussi dans les cas prévus, donner un de ses fils en adoption; de même que lorsqu'il est depuis long-temps absent, son consentement étant dans ce cas présumé comme résultant de sa négligence à s'occuper des choses qui devraient le plus l'intéresser. Telle est du moins l'opinion de Jagannatha, de M. Sutherland comme on le verra ci-après, et de Nanda Pandita comme cela est exprimé dans ce passage tiré de la section 4 §. 12 de son ouvrage sur l'adoption : « Il ne faut pas prétendre qu'une veuve » ne pourrait, même dans un temps calamiteux, » donner son fils à cause de l'impossibilité d'obtenir » le consentement de son mari, par raisonnement » analogue à celui qui démontre son inhabileté à » adopter, car on peut inférer du livre de Manou » qu'un don de cette nature est valable. »

Le Dattaca Chandrica est plus positif encore : « Mais une femme peut donner un fils avec le » consentement de son mari s'il est vivant, ou » même sans son consentement s'il est décédé, » absent, ou s'il est affilié à un ordre religieux. » En conséquence Vasishta dit : (« Qu'une femme ne » donne ni n'accepte un fils sans le consentement de » son époux) Section 1ʳᵉ §. 51. Et même si l'époux » s'oppose pas à la donation, il est présumé y con- » sentir à cause de la maxime, *lorsqu'on ne s'oppose* » *pas on sanctionne.* §. 52. » (¹)

Plusieurs conditions sont exigées pour qu'un

_____

(¹) *Silentia pro approbatione habetur* : Voir l'application de cette maxime à un autre cas, ci-dessus chapitre 4. section 2. §. 20.

enfant puisse être adopté, ainsi il ne doit pas avoir
passé l'âge de cinq ans suivant quelques auteurs,
ou tout au moins l'adoption doit avoir lieu avant
les cérémonies d'initiation s'il appartient à l'une
des trois classes privilégiées, et avant le mariage s'il
appartient à la classe des Soudras, afin que ces cérémonies puissent être faites dans sa nouvelle famille,
dont il ne ferait point partie sans cela ; la filiation
résultant, non de l'intention des parties, mais des
cérémonies religieuses qui, dans les classes supérieures constituent une seconde naissance indiquée
par le titre d'hommes régénérés ou plus littéralement
d'hommes deux fois nés. Ceci est clairement établi
dans le Dattaca Mimansa, qui dit : « Si la tonsure et
» les cérémonies subséquentes sont faites au nom et
» dans la famille de celui qui adopte, alors seule-
» ment le fils donné (datta) et les autres deviennent
» ses fils ; autrement, ils sont esclaves : » section 4
» §. 56; et ailleurs : « Car c'est par l'accomplissement
» de ces cérémonies religieuses (sanscara) qu'ils
» acquièrent la qualité de fils, et non par la simple
» acceptation. Autrement, c'est-à-dire, si la tonsure
» et les autres cérémonies ne sont pas accomplies,
» *la donation* ne produit qu'un état d'esclavage
» et non la *relation filiale*, car c'est la consécration
» qui opère la filiation. » Voici un passage du
digeste de Jagannatha qui enseigne les mêmes
principes : Il se trouve au tome 5. page 149. « La
» naissance occasionnée par la semence mâle et le
» sang utérin est une cause de filiation : la seconde
» naissance effectuée par *l'investiture* et les autres
» cérémonies en est une également, quelles que

» soient les personnes qui les aient accomplies.
» Quand celui qui a engendré un fils le donne à
» un autre et que cet enfant reçoit une nouvelle
» naissance par les cérémonies de l'initiation, sa
» parenté avec le donateur cesse et une nouvelle
» parenté avec l'adoptant commence. »

On voit en effet dans Manou que les personnes
des classes privilégiées pour lesquelles ces cérémonies ont été accomplies, reçoivent la dénomination
de Dwidjas, ou deux fois nés (la première naissance
est-il dit dans cet ouvrage, chapitre 2. Sloca 169,
a lieu dans le sein de la mère, la seconde lors de
l'investiture de la ceinture ou cordon) l'initiation
étant considérée comme une seconde naissance.
Ainsi, dans le cas dont il s'agit, la donation faite
par le père naturel, dépouillant l'enfant de sa qualité de fils par rapport à lui, il resterait nécessairement sans aucune qualité civile, si le *Sanscara*
ne venait, par la seconde naissance, lui donner
celle de fils de l'adoptant et de membre de sa famille.
Cette règle cependant n'est pas applicable lorsque
l'adopté est un neveu de celui qui adopte, ou dans
les autres cas de création d'un Dwyamushyayana,
par les raisons déjà données et nécessairement aussi
n'a aucune application à la classe des Soudras, dans
laquelle aucune de ces cérémonies ne peut avoir
lieu; il suffit donc pour cette classe que la personne
qu'il s'agit d'adopter ne soit pas encore mariée,
bien entendu que si elle est parvenue à un âge suffisant, son consentement personnel est nécessaire:
Et même puisque les cérémonies qui dans les autres
classes servent à consacrer et légitimer l'adoption ne

peuvent être faites dans celle-ci, il paraît admis qu'elle est valable pourvu que la possession d'état soit publique ou le fait de l'adoption notoire. Dans la pratique ordinaire, les Soudras font des manifestations et des réjouissances à l'occasion des adoptions qui ont lieu parmi eux, en imitation des solennités usitées dans les classes supérieures, et donnent ainsi à cet acte toute la publicité désirable.

L'enfant doit aussi, comme pour le mariage, être de la même classe que celui qui l'adopte et autant que possible de la même famille, le membre le plus proche étant préférable à celui qui le serait moins, tellement que d'après la loi ancienne, si un frère avait un fils, il était considéré comme le fils de tous les autres frères qui, dans ce cas, ne pouvaient plus exercer le droit d'adoption. « Si parmi plusieurs frères de père et de mère, il en est un qui obtienne un fils, Manou les a tous déclarés pères d'un enfant au moyen de ce fils : C'est-à-dire qu'alors les oncles de cet enfant ne doivent pas adopter d'autres fils : Qu'il recueille leur héritage et leur offre le gâteau funèbre. » Manou 9. 182. Traduction de M. Loiseleur.

Aujourd'hui l'existence d'un neveu n'est plus considérée comme un obstacle à l'adoption, seulement on le préfère ordinairement à tout autre dont la parenté serait plus éloignée, et même on peut, quoiqu'on soit peut-être blâmable pour cela, choisir à la place d'un parent, un étranger quelconque. Cependant quelque latitude qu'on ait maintenant, l'adoption étant une imitation de la nature, on ne peut adopter que ceux qui auraient pu être les fils de l'adoptant, il en était de même chez les romains ; *adoptïo in his personis locum habet, in quibus natura etiam potest habere* « *Lex* 16, *de adoptionibus.* » La règle principale étant qu'on ne peut adopter celui dont on n'aurait pu épouser la mère : Ainsi l'on ne peut adopter un frère germain, parce qu'on ne peut épouser sa propre mère ; ni ses oncles paternels ou maternels, parce que l'on ne peut épouser sa grand'mère ; ni les fils de sa sœur ou de sa fille, parce que l'on ne peut contracter mariage avec ces personnes : cependant il est admis, contrairement à cette règle, qu'un Soudra peut adopter le fils de sa sœur, et même un auteur du midi de la pénisule, Sri Rama, va jusqu'à admettre qu'en cas de difficulté (apadi), aucune autre personne ne pouvant être procurée, le fils d'une sœur peut être adopté même dans les classes privilégiées, et Monsieur Strange, à l'opinion duquel sa grande expérience doit donner beaucoup de poids, affirme que dans la pratique, les fils de sœurs sont très-souvent choisis de préférence, d'ailleurs le sens de l'axiome « *factum valet, quod fieri non debuit,* » n'est pas inconnu dans l'Inde, comme on l'a vu dans la dissertation relative au pouvoir d'aliéner les biens communs qu'un auteur du Bengale termine en disant : « Un fait consommé ne peut être » altéré par cent textes, » et ce principe est surtout appliqué par les Hindous, à la plupart des règles posées pour l'adoption.

Quant aux formes ; quoiqu'elles soient nombreuses et minutieusement détaillées dans les ouvrages qui traitent spécialement de cette matière, et quoique les Hindoux attachent encore aujourd'hui une grande importance à leur accomplissement ; il ne paraît pas cependant que leur inobservation doive être considérée comme une nullité de nature à vicier l'adoption. La plupart ont pour but , soit de donner une grande publicité au contrat , par la convocation des parents et l'avis donné au souverain , ou au chef de la ville ou du village ; soit de l'entourer de cérémonies religieuses de la nature de celles qui seront ci-après décrites, sans utilité légale ; soit de l'accompagner de réjouissances de nature semblable à celles qui se pratiquent lors de la naissance naturelle d'un fils légitime. « Celui » qui veut adopter un fils, doit assembler la famille, » donner humblement avis au souverain de son » intention et puis, après avoir fait une offrande au » feu en l'accompagnant de paroles des Védas » appropriées à la circonstance , il peut, dans sa » demeure recevoir comme son fils par adoption un » jeune garçon qui lui soit proche parent, ou à » défaut un parent éloigné. » La convocation de la » famille est faite pour que le fils, adopté à la con- » naissance de la famille , puisse recueillir la succes- » sion et accomplir le Straddha et autres cérémonies, » sans opposition. L'avis donné au souverain a le » même but, l'offrande au feu avec accompagne- » ment de textes des Védas , est une partie peu » essentielle de la cérémonie , dont l'inobservation » ne vicie pas l'adoption. » Digeste de Jagannatha. Tome 3. pages 242 et 243.

D'autres auteurs, et aussi les décisions des cours et tribunaux de l'Inde anglaise, semblent indiquer

la pensée que les formalités exigées à peine de nullité, doivent être restreintes précisément à cause de
la grande importance du contrat lui-même; et tout
ce qu'ils exigent en ce point, c'est qu'il existe une
preuve quelconque, soit écrite, soit résultant de
la possession d'état ou de la notoriété publique; de
l'intention des parties et de son exécution : Une
simple intention, même publiquement manifestée,
ne suffit pas; il faut donation réelle de la part du
père ou de la mère naturelle et acceptation for-
melle de la part de celui qui adopte, avec consentement de la part de l'adopté, s'il est en âge de le
donner, manifestés par quelqu'acte apparent; mais
rien de plus, et en effet : vouloir hérisser de nul-
lités de forme un acte aussi important pour les
familles Hindoües, n'aurait été qu'ouvrir une porte
de plus aux procès et aux réclamations de mau-
vaise foi, déjà trop fréquents dans ce pays.

Relativement aux cérémonies qui accompagnent
ordinairement l'adoption, elles varient suivant les
localités et les castes : d'après ce qui vient d'être
dit, elles ne sont pas exigées plus que les autres
formalités; cependant comme il peut n'être pas
inutile de s'en former une idée, voici le rituel prescrit par le Datta Mimansa, c'est une pièce curieuse
et très-intéressante plutôt qu'un document d'une
utilité pratique : Je l'emprunte à l'ouvrage de
M. Strange.

Le donateur, après en avoir donné avis au souverain et déclaré à ses frères et parents son intention
de donner son fils nommé Vishnou pour devenir
le fils de Govinda, doit choisir un jour heureux

fixé par un astronome intelligent, baigner son enfant et célébrer le Punnyaham. A l'époque indiquée il se rend, accompagné de trompettes et d'autres instruments de musique au lieu désigné, lequel doit être purifié avec de la fiente de vache, environné de tentures et pavoisé de drapeaux de diverses couleurs. Là, retenant son haleine et se disant mentalement : » « Je te fais don de ce fils, » il doit faire asseoir le visage tourné vers le nord le brame auquel il doit donner son fils, se placer lui-même avec le visage vers l'Est et lui offrir en témoignage de respect, une vache, du sandal, des fleurs, du riz, et autres présents de cette nature, puis s'étant assis lui-même et ayant fait asseoir aussi son fils, convenablement habillé sur son genou, et répété les textes des Védas appropriés à la circonstance, il doit ajouter cette déclaration : « Moi (de tel Gotram et nom) désirant ressembler à Brama, je vous donne ce fils qui m'appartient, pour remplir les devoirs d'un fils envers vous (de tel Gotram et nom) pour l'amour du glorieux et tout puissant Vishnou : Il ne m'appartient plus. » Ayant ainsi parlé et après avoir donné de l'eau de Turmeric, il doit placer son fils sur le genou du brame qui l'adopte, lequel doit l'accepter en prononçant des prières et des textes sacrés, et recevoir en même temps du donateur un présent en or du poids d'un Nisham, aussi en récitant des prières. Le donateur doit ensuite achever les cérémonies relatives au sacrifice du feu. Le brame adoptant, prenant ensuite l'enfant, se rend à sa demeure accompagné de musique, où, s'étant assis sur le même siège que sa femme et le

fils qu'il vient d'adopter, il déclare l'accepter et célèbre le Datta Homam pour le confirmer dans sa
qualité de fils. Ceci fait, il s'approche du foyer, y
allume du feu et place les six vases, à savoir la cuiller
le vase pour le beurre clarifié et les autres, puis
ayant accompli la cérémonie de l'aspersion, versé le
beurre clarifié sur le feu, et fait d'autres purifica-
tions, il prend le beurre avec la cuiller et répète
certains Mantrams : Il répand le beurre dans le feu
et mettant dessus le Samit et l'Idmam, avec son
cordon il fait le Jayadi. Puis, ayant retiré l'image
de Brama il place l'enfant sur son genou, prononce
d'autres prières et lui fait manger du Panchaim-
rutam (riz mêlé de lait et sucré avec du miel, etc.,)
enfin il offre à manger aux brames présents, en
l'honneur de ses ancètres. »

Ces rites concernant l'adoption d'un brame, d'un
Gotram (¹), diffèrent de celui du père adoptif.

L'effet de l'adoption est d'un côté de faire cesser
toute relation de parenté entre le fils donné et ses
père et mère naturels, excepté dans le cas des
Dwyamushyayanas; et de l'autre, de le faire entrer
dans la famille du père adoptif avec la position d'un

(¹) Dans une note placée sous le §. 1er section 5 du chapitre 2 du Mitacshara, M. Colebrooke dit que les *Gotraja*
sont des personnes appartenant à la même *famille générale*
(Gotra) et distinguées par un même nom. On sait que les Soudras n'ont pas de nom patronimique et par conséquent, de
quelque manière qu'on interprète le terme, les Soudras n'ont
pas de *Gotra* ou *Gotram*. Vijnyaneswara dit que les Gotraja
sont la grand'mère paternelle et autres personnes alliées par
des offrandes funéraires d'aliments, et par des libations d'eau.

fils légitime; suivant ce texte du Calica Purana.
« Celui, ô maître de l'univers! sur qui les céré-
» monies auraient été accomplies sous le nom patro-
» nimique de son père naturel, n'est pas considéré
» comme un fils jusqu'à ce que la cérémonie de la
» tonsure soit terminée: Il devient le fils d'un autre,
» sous le nom duquel cette cérémonie est faite. »

« Les fils donnés et les autres, sont considérés
» comme fils adoptifs, lorsque les cérémonies de
» la tonsure et les autres ont été faites par la famille
» de celui qui veut adopter, autrement ils sont
» esclaves. »

En conséquence le fils régulièrement adopté doit
s'acquitter de tous les devoirs d'un fils envers son
père adoptif et envers ses autres nouveaux parents,
comme la soumission et le respect envers le premier, et la protection principalement à l'égard de
la mère et des autres personnes du sexe: Il doit
aussi présenter les offrandes funéraires, non seulement à son père adoptif après son décès; mais aux
autres ancêtres auxquels un fils légitime eut été
tenu d'en présenter et de l'autre côté, il exerce aussi
tous les droits successifs, non seulement aux biens
laissés par son père adoptif; mais à ceux qui pour-
raient être laissés par les autres parents, aux mânes
desquels il offre les présents funèbres, les droits
successifs étant, comme cela a été établi, réglés par
l'étendue des bienfaits qu'on suppose résulter de
ces offrandes, dont ils sont pour ainsi dire le prix et
la récompense. En fait, le fils adoptif est l'héritier
présomptif de celui qui l'a adopté. Sa position peut
cependant changer, si postérieurement à l'adoption

le père adoptif devient père d'un enfant légitime : dans ce cas, suivant Jaggannatha, il aurait droit à un tiers ; suivant d'autres auteurs, seulement à un quart. Un texte de Catyayana porte : « Si un fils » légitime vient à naître, les autres doivent rece- » voir un tiers s'ils sont de la même classe ; mais s'ils » sont d'une autre classe, ils n'ont droit qu'à des » aliments et au vêtement, ou suivant quelques » copies, ils doivent recevoir un quart. »

Et un texte de Vasishta. « Si après qu'un fils a » été adopté un fils légitime vient à naître : *il* prend » un quart, pourvu que tout le bien n'ait pas été » dépensé en œuvres pieuses : *Il* le fils adoptif. »

Ce n'est pas seulement sur la différence qui existe du tiers au quart que les auteurs sont en désaccord, mais aussi sur le sens à donner à ces mots. Les uns veulent qu'ils indiquent une partie proportionnelle de la masse de la succession, d'autres qu'ils signifient le tiers ou le quart de la portion d'un fils légitime ; d'autres enfin, qu'ils indiquent le tiers ou le quart de ce que le fils adoptif aurait droit de prendre s'il était légitime lui-même, et aucun n'est parvenu à résoudre ces difficultés d'une manière satisfaisante. A la page 86 du tome premier de l'ouvrage de M. Strange, on trouve la note suivante : « On dit que dans le sud de l'Inde » la coutume a décidé que lorsqu'il existe un enfant » légitime la part de l'enfant adoptif est d'un quart ; » mais cette note laisse subsister toute l'obscurité et l'amphibologie que l'auteur avait sans doute l'intention de dissiper. Parmi les Sudras, le fils adoptif et le fils né postérieurement, partagent également, tant il est vrai que le mariage même, le contrat le plus sacré peut-être aux yeux d'un Hindou, est considéré comme de peu d'importance lorsqu'il s'agit de cette classe inférieure.

Monsieur Sutherland, qui a fait une bonne traduction des deux traités qui existent sur l'adoption, et qui s'est occupé spécialement de l'étude de cette branche importante du droit Hindou, en a fait un résumé trop court et qui sous d'autres, rapports, laisse bien quelque chose à désirer; mais je l'ajoute pour compléter autant que possible les observations sur cette matière, et l'on verra que sur quelques points, son opinion diffère un peu de celle que j'ai pensé devoir adopter, bien que je sache combien la grande expérience et les consciencieuses études de ce savant auteur méritent de respect et de déférence.

RÉSUMÉ

DE LA LOI SUR L'ADOPTION PAR M. SUTHERLAND.

La loi Hindoüe sur l'adoption peut être classée sous les titres suivants :

1º — Qualités et droits de l'adoptant ;
2º — Qualités et droits de l'adopté ;
5º — Formes à observer pour l'adoption et effets de leur omission ;
4º — Effets de l'adoption.

Il faut dire en commençant que dans l'âge actuel, parmi les différentes espèces de fils reconnus dans les anciens codes, suivant l'opinion des auteurs confirmée par l'usage, le fils donné (Dattaca ou Dattrima) et le fils fait (Critima ou Crita) peuvent seuls être adoptés, et même l'auteur du Dattaca Chandrica ne reconnaît que le fils donné: Cependant on peut sans une trop grande extension admettre le fils qui s'est donné lui-même et le fils rejetté, sous la dénomination de *fils fait*, Critima ou Crita Putra (communément appelé *Carta Puter*), et il ne faut pas perdre de vue que souvent dans les traités de droit, le terme *Dattaca* ou fils donné est employé pour indiquer les fils adoptifs en général.

TITRE Ier.

QUALITÉS ET DROITS DE L'ADOPTANT.

La raison dominante pour la filiation d'un enfant, étant la nécessité de pourvoir à l'exécution des rites funèbres célébrés par le fils pour son père décédé, dont on suppose que le salut d'un Hindou dépend, il est nécessaire que la personne qui veut adopter soit dépourvue d'héritiers mâles habiles à accomplir ces cérémonies. Dans ce terme, héritiers, on doit comprendre le fils et le petit-fils du fils. L'on peut aussi admettre que si un de ces descendants existait, mais qu'il fut inhabile, à raison de quelque empêchement légal (comme la perte de la caste), à célébrer les rites dont-il s'agit, l'adoption d'un fils pourrait se faire légalement.

On pourrait douter de la validité d'une adoption faite par une personne non admise dans l'ordre des *Grihi*, (pères de famille ou hommes mariés), ou par une personne aveugle, impuissante ou autrement inhabile à hériter: L'opinion la plus correcte cependant paraît être qu'une adoption faite par une de ces personnes serait valable, quoiqu'il paraisse raisonnable que l'adoption par une personne exclue du droit d'hériter, ne puisse conférer à l'adopté aucun droit aux successions dont la loi excluait l'adoptant.

La raison qui impose à l'homme l'obligation d'adopter un fils ne s'appliquant pas également à la femme, celle-ci (du moins cela paraît être l'opinion la plus exacte et la plus universellement accueillie) est incapable par son propre droit d'adopter, quoiqu'il soit admis qu'elle puisse choisir pour son mari et avec son autorisation, un fils qui devient aussi le sien propre.

Nanda Pandita refuse généralement ce droit aux veuves, et il en donne une raison bien peu satisfaisante, à savoir, que le consentement de son mari est impossible; mais il est raisonnable d'admettre conformément à l'usage et à l'opinion des auteurs, la validité d'une adoption faite par une veuve, par suite de l'autorisation de son mari, écrite ou formellement exprimée de son vivant, et peut-être dans quelques localités par suite de l'autorisation donnée par la famille du mari décédé.

TITRE II.

QUALITÉS ET DROITS DE L'ADOPTÉ.

La règle première et fondamentale est que la personne qu'on se propose d'adopter, soit telle que par un mariage légal avec sa mère elle eut pu être l'enfant légitime de l'adoptant. Il suit de cette règle que le fils d'une sœur ou de toute autre personne que l'adoptant n'aurait pu épouser comme aussi un enfant d'une classe différente ne peuvent être adoptés : dans l'âge actuel le mariage est prohibé entre personnes de classes inégales.

Nanda Pandita affirme qu'une femme ne peut adopter le fils d'un frère : si son opinion est correcte on peut aussi maintenir que lorsqu'une femme veut faire une adoption, avec l'autorisation de son mari ou de ses parents, elle ne doit pas en général choisir une personne dont elle n'aurait pu épouser le père.

Il est évident aussi que la personne choisie doit être exempte de toute incapacité de nature à l'empêcher d'accomplir le but de l'adoption. Quelques auteurs ont enseigné que la proximité du sang devrait déterminer le choix d'un fils adoptif, mais quoique Nanda Pandita développe ce principe avec beaucoup de soin, on ne peut le considérer comme une prescription rigoureuse de la loi, de nature à vicier l'adoption d'un parent éloigné, parce qu'il en existe de plus proches ; ni d'un étranger, parce que des parents existent. Le droit cependant du fils d'un *frère germain* (Whole Brother) à être adopté de préférence à toute autre personne, lorsqu'il n'existe pas d'empêchement légal paraît généralement admis et peut être regardé comme une loi reconnue.

Un fils unique ne peut devenir un fils adoptif proprement dit (Sudha Dattaca), mais il peut être affilié comme Dwyamushyayana, ou fils de deux pères, car le motif de la prohibition, c'est-à-dire l'extinction de la lignée du père naturel, n'existerait pas. En conséquence, le fils unique d'un frère germain s'il n'existe pas d'autre neveu doit être adopté par son oncle dépourvu d'enfants mâles et il devient fils de deux pères. Le même individu ne peut être adopté par plusieurs personnes, excepté dans le cas d'un neveu qui peut l'être par plusieurs oncles, frères germains de son père naturel. On peut cependant penser qu'il existerait un empêchement légal à l'adoption par l'oncle, d'un neveu que son père aurait donné en adpotion comme « *Sudha* » *Dattaca*, » lequel ne conserve aucune relation de parenté avec son père naturel.

Pour que l'adoption soit valable et complète, il est nécessaire que la personne adoptée y consente, ou, si elle est mineure, qu'elle soit donnée par une personne ayant pouvoir de le faire. Au sujet du pouvoir légal de donner un fils en adoption, il est difficile de recueillir une doctrine incontestée: l'opinion la plus correcte paraît être : 1º que le père peut donner son fils mineur sans le consentement de la mère quoiqu'il soit plus convenable qu'il consulte ses désirs ; 2º que la mère est en général incapable de faire une pareille donation pendant la vie du père ; 5º que cependant elle peut donner en adoption son fils mineur après la mort de son mari, et même pendant sa vie dans un cas de nécessité très-urgente. Un homme qui aurait quitté son pays sans esprit de retour, qui serait entré dans un ordre religieux ou qui aurait perdu sa caste, étant mort civilement, serait considéré comme véritablement décédé.

La différence des opinions exprimées par quelques auteurs et le silence des autres, ont laissé douteuses les questions suivantes : 1° si l'adoption d'une personne arrivée à un certain âge désigné est impossible ; 2° si l'accomplissement dans la famille du père naturel de certaines cérémonies et de quelles cérémonies, forme un obstacle insurmontable à l'adoption.

Au sujet de ces questions, on cite ordinairement un passage attribué au Calica-Purana (dont l'authenticité et le sens sont contestés). Suivant Jaggannatha, le compilateur du digeste, il existe une prohibition absolue contre une adoption quelconque d'une personne âgée de plus de cinq ans, ou dont la cérémonie de la tonsure a été faite dans la famille de son père naturel : et dans un procès dans lequel on maintenait que l'adoption d'un enfant âgé de plus de cinq ans n'était pas légale, sur l'opinion des Pundits qui déclarèrent que suivant le droit Hindou tel qu'il est admis au Bengale, l'adoption d'une telle personne était légale, pourvu que les cérémonies d'initiation (Sanskara) n'eussent pas été faites dans la famille du père naturel et qu'elles le fussent dans elle de l'adoptant, le Sudder Dewanni Adawlut paraît avoir réglé les points suivants pour le Bengale, où, il faut le remarquer, la forme *Dattaca* est principalement si non uniquement reconnue. 1° que l'adoption n'est pas restreinte à un âge particulier ; 2° que celui qui a été soumis à la tonsure dans le nom et la famille de son père naturel, ne peut plus être adopté ; 3° qu'il faut que l'âge de la personne choisie pour être adoptée soit tel que la cérémonie de la tonsure puisse être faite au nom et dans la famille de l'adoptant.

La restriction de l'adoption à un âge déterminé est ainsi rejettée, mais, sans prétendre attaquer la décision relativement aux deux autres points, par rapport au Bengale, il peut être permis de douter qu'elle constitue une règle générale et décisive pour ces questions : 1° une telle règle serait en opposition avec les opinions du Dattaca Mimansa et du Dattaca Chandrica; 2° l'authenticité du passage attribué au Calica Purana, sur lequel l'opinion de Jaggannatha et des Pundits du Sudder Dewanni est fondée, est justement niée, et le passage peut être interprété comme admettant l'adoption d'une personne, quoique initiée par la tonsure dans la famille de son père naturel; 5° la définition reçue du fils Critima, et la forme particulière de son adoption (¹) telle qu'elle est admise dans le Mithila, indique suffisamment une personne d'un âge assez avancé pour faire supposer que le plus souvent, sinon toujours, elle a été soumise à la cérémonie de la tonsure dans la famille de son père naturel, et cependant ce genre d'adoption est certainement usité dans quelques parties de l'Inde.

(¹) Voici la forme de cette adoption telle qu'elle est indiquée dans le Sudhi Viveka. « A un temps favorable, celui qui » veut adopter un fils s'étant baigné, s'adressant à la personne » qu'il veut adopter, qui doit s'être baignée aussi et à laquelle il » a fait un présent de quelque importance, dit : *Soyez mon fils.* » Celui-ci répond : *je suis devenu votre fils.* L'habitude de faire » un présent n'est pas nécessaire à la validité de l'adoption, » le consentement des parties est la seule chose requise et les » termes de la convention ne sont pas sacramentels. »

La difficulté, pour ne pas dire l'impossibilité de poser des principes invariables et universels sur ces points, est évidente, la règle la plus générale et la plus rationnelle me paraît celle-ci : toute personne pour laquelle l'adoptant peut faire la cérémonie de l'Upanayana ([1]), peut être adoptée comme fils *Dattaca*, tandis que celle pour laquelle il ne pourrait célébrer ces rites, peut être légalement adoptée comme *Critima*.

TITRE III.

FORMES A OBSERVER POUR L'ADOPTION ET EFFETS DE LEUR OMISSION.

Concernant la forme de l'adoption, on cite ordinairement un texte de Vasishta qui prescrit à la personne qui a l'intention d'adopter, d'en donner avis au pouvoir souverain (raja), et après avoir invité ses parents d'achever l'adoption par l'accomplissement des solennités prescrites, à savoir : une offrande au feu et le récit des prières ordonnées.

([1]) « L'Upanayana; » Voici l'énumération de toutes les cérémonies qui concernent l'initiation ou reconnaissance d'un Dwidja.

1° *Jatacarma*. Une cérémonie ordonnée à la naissance d'un enfant mâle et qui doit être accomplie avant la section du cordon ombilical : Elle consiste à faire goûter au nouveau né, du beurre clarifié dans une cuiller d'or ; 2° Namacarana, espèce de baptême qui consiste à donner à l'enfant le nom qu'il doit conserver le reste de sa vie : cette cérémonie a lieu soit le dixième, soit le onzième, soit le douzième et quelquefois le cent et unième jour après la naissance ; 3° Nisheramana, cérémonie qui consiste à montrer à l'enfant la lune, le troisième

Les formes expliquées avec plus de développement par Saunaka, Vriddha-Gautama, Baudhayana et autres auteurs anciens, sont conformes pour tout ce qui est essentiel aux prescriptions de Vasishta : Les premiers exigent la présence d'un brame et d'un prêtre officiant pour demander le fils qui doit être donné.

Les commentateurs ont pensé que le mot *Raja* indiquait le chef de la ville ou du village et ils paraissent d'accord pour reconnaître que l'avertissement prescrit, ainsi que la convocation des parents, ne

---

jour lunaire de la troisième quinzaine après sa naissance : comme aussi à lui faire voir le soleil dans le troisième ou quatrième mois ; 4° Annaprasana : qui consiste à lui faire manger du riz dans le sixième ou huitième mois, ou lorsqu'il a fait ses premières dents ; 5° Chud'acurana : cérémonie de la tonsure faite dans la seconde ou troisième année après la naissance ; 6° *Upanayana*, cérémonie de l'investiture des insignes de la classe, faite dans la huitième année pour un brame, mais qui peut-être anticipée dès la cinquième, ou retardée jusqu'à la seizième ; 7° Savitri : cérémonie de l'investure sanctifiée par le Gayatri, qui ne doit pas être retardée pour un brame, après la seizième année, et doit avoir lieu le quatrième jour après la première investiture ; 8° Samavartana : Cérémonie faite lors du retour d'un étudiant de la maison de son précepteur. Et enfin le mariage, qui est la dernière. Toutes ces cérémonies sont accompagnées de *mantrams et homams* appropriés : c'est-à-dire, de prières et de sacrifices analogues aux circonstances et que l'on trouve dans les rituels. C'est la réunion de toutes ces cérémonies qui forme ce qu'on appelle le Sanscara, lequel sert a expier l'état de péché contracté dans le sein maternel, et à constituer pour les classes privilégiées la régénération ou seconde naissance dont la classe des Soudras est exclue.

sont pas des choses exigées par la loi pour la validité de d'adoption ; mais seulement faites pour donner plus de publicité à l'acte et éviter les procès et le doute en matière de droits successifs.

La forme indiquée par Vasishta et plus spécialement encore celles établies par d'autres écrivains sacrés d'accord avec les anciens préceptes, doivent être regardées comme ne concernant que le fils donné ; l'adoption d'un Critima étant considérée comme valable, sans l'observation d'aucune forme ou solennité particulière.

Si un fils était adopté sans l'observation des formalités prescrites, sa relation filiale ne serait pas établie ; mais il aurait droit à des avances suffisantes pour couvrir les dépenses de son mariage.

Le fils adoptif *Dattaca* adopté par un oncle, doit être initié à certaines cérémonies, au nom et dans la famille de son père adoptif, et le *Critima* peut dans quelques cas ; mais ne doit pas être nécessairement ainsi initié : on a déjà indiqué dans le titre précédent, les cérémonies dont il est ici question.

TITRE IV.

EFFETS DE L'ADOPTION.

Le Dattaca légalement adopté ou fils donné est toujours, et le Critima ou fils *fait* peut être dans quelques circonstances, investi de tous les droits d'un fils légitime par rapport à son père adoptif, de la famille duquel il devient membre.

Le fils adoptif Dattaca cesse d'avoir aucun droit

à la famille et aux propriétés, et devient inhabile à accomplir les rites funèbres de son père naturel, excepté lorsqu'il est adopté comme Dwyamushyayana, ou fils de deux pères. Cette règle ne peut s'appliquer au Critima, qui est nécessairement fils de deux pères, à moins (si un tel cas pouvait se rencontrer) qu'il n'eut été soumis à aucune des cérémonies d'initiation dans la famille de son père naturel.

Le fils adopté ne peut épouser aucune personne de la famille de ses père et mère naturels, comprise dans les degrés prohibés, car le lien de consanguinité est conservé : ni le fils de deux pères se marier dans l'une ou l'autre des deux familles.

Le fils adopté n'hérite pas seulement de son père adoptif, mais aussi des parents proches ou éloignés de ce dernier : il représente aussi le fils véritablement légitime dans sa parenté avec sa mère adoptive, dont les ancêtres deviennent aussi ses ancêtres maternels. Cette règle cependant ne peut s'appliquer au Critima, tel qu'on l'adopte dans le Mithila.

TITRE V.

RÈGLES SPÉCIALES.

1° Concernant le Dwyamushyayana :

Le fils peut conserver une certaine relation filiale avec son père naturel, auquel cas il est appelé Dwyamushyayana, ou fils de deux pères. Cette double relation filiale provient d'une convention spéciale entre le père adoptif et le père naturel au moment de l'adoption ; ou bien elle peut exister sans cette convention, comme cela a lieu le plus souvent, sinon toujours, pour le cas d'un fils adoptif Critima, qui n'est pas aliéné par son père naturel. Dans le premier cas, il est appelé Dwyamu-shyayana complet (nitya): dans le second, Dwya-mushyayana incomplet (anitya). Le fils adoptif qui est fils de deux pères, recueille la succession et accomplit les obsèques de ses deux pères ; mais ses enfants (excepté dans le cas du Critima, tel qu'il est adopté dans le Mithila) n'ont de parenté qu'avec la famille du père adoptif;

2° Concernant la succession du fils adoptif;

3° Concernant la succession de fils légitimes et de fils adoptifs contemporains.

Lorsque postérieurement à une adoption légale-ment faite le père, adoptif obtient un fils légitime; lors du partage de la succession le fils adoptif prend un quart de part, suivant la doctrine du Dattaca Chandrica. Cependant une distinction est faite dans le cas d'un Dwyamushyayana. Il paraî-trait résulter d'un passage obscur de cet ouvrage, que l'opinion de l'auteur est qu'un fils de cette nature ne devrait avoir que la moitié de ce qu'au-rait reçu un fils adoptif complet, dans un partage avec un fils légitime. D'apres le meme principe, cet auteur paraît aussi enseigner que lorsque le père naturel obtient postérieurement à l'adoption, d'au-tres fils légitimes, le Dwyamushyayana ne doit rece-voir de la succession de son père, que la moitié de la part d'un fils légitime.

Du pouvoir testamentaire.

Je l'ai dit en commençant ces observations, aucun auteur Hindou n'a pu s'occuper de testaments, puisque jamais les anciens jurisconsultes n'ont écrit un seul passage dont on puisse induire qu'ils eussent la plus légère idée qu'il put être permis à un homme de disposer pour un temps où il ne serait plus, de biens dont le plus souvent la loi lui conteste la libre disposition même de son vivant, et suivant Monsieur Strange, il n'existe même pas dans leur langue un mot qui puisse indiquer un contrat de cette nature. Loin d'admettre une pareille doctrine, plusieurs des auteurs les plus estimés prétendent que la succession n'est pas un moyen d'acquérir la propriété; qu'ils affirment avoir sa source dans la naissance, atttribuant ainsi aux fils dès le jour qu'ils viennent au monde, des droits de propriété égaux à ceux de leur père, et faisant même quelquefois remonter ces droits au temps de la conception : « La propriété, dit le Mitac- » shara, ne naît, ni du partage ni du décès; elle est » préexistante et a son origine dans la naissance, le » père ne pouvant disposer des immeubles, soit » qu'il les ait reçus de ses ancêtres, soit qu'il les ait » acquis lui-même. »

Quelqu'éloignée que cette doctrine puisse être de notre droit civil actuel, elle cesse de paraître étrange lorsqu'on réfléchit à l'extrême antiquité des ouvrages sur lesquels elle s'appuie : ouvrages composés sans doute, alors que les propriétés étaient encore entièrement régies par les lois naturelles à leur origine, et dont les principes se sont conservés jusqu'à nous à cause de l'aversion qu'ont les Hindoux pour toute espèce d'innovations.

La propriété, dans les premières sociétés, on ne peut guères en douter, s'acquérait par l'occupation et ne se conservait que pendant qu'on en retenait la possession réelle, de manière que si un homme vivant dans l'isolement, abandonnait le champ qu'il avait cultivé pendant quelque temps, tout autre pouvait s'en emparer sans préjudicier à ses droits; de même que s'il venait à mourir, le premier occupant était son successeur. Mais si l'homme vivait avec une femme et des enfants, ou s'il avait associé soit ses frères, soit d'autres personnes à ses travaux : à son décès, ils continuaient de posséder en commun. Tous employant leur industrie ou leurs forces dans l'intérêt commun, tous avaient naturellement des droits égaux, et le décès de l'un ne pouvait aucunement changer la position ou les droits des autres. Quoiqu'en ait pu dire Montesquieu, les lois civiles n'ont fait que confirmer, en y apportant certaines modifications, ces principes : elles n'ont pu y donner naissance car la propriété existait avant les lois civiles.

M. Toullier, s'occupant de cette matière, dit : « Ils étaient (ces héritiers) en quelque sorte copro- » priétaires avec le père de famille même pendant sa » vie, il n'était que le chef de la petite société. En » vivant avec lui ils étaient réputés occuper et possé- » der tout ce qu'il possédait; et par suite de cette » occupation commune, la propriété du père était » réputée la propriété des enfants. Ainsi en succédant

» au père, le fils de famille et les héritiers siens n'ac-
» quéraient pas une propriété nouvelle; ce n'était
» pas une nouvelle succession qu'ils recueillaient;
» ils prenaient la libre administration de leurs
» anciennes propriétés: ils continuaient d'occu-
» per. »

Si telle est en effet l'origine générale des propriétés et les lois naturelles qui les régissent universellement, jusqu'à ce que les lois écrites viennent y
apporter les modifications que les circonstances
peuvent nécessiter; surtout si ce sont encore là,
avec très-peu d'exceptions les principes qui gou-
vernent les Hindoux : comment admettre dans leur
droit à moins de textes précis, le pouvoir testamentaire qui chez tous les peuples où il a été exercé,
était établi et réglé par des lois civiles et des lois
expresses (¹), surtout quand on remarque avec quel

(¹) « L'ordre des successions *ab intestat* est si juste et si
» naturel qu'il a été établi comme tel par la loi divine qui en
» a *confirmé* l'usage, au lieu que celui des testaments n'a pas
» d'autre origine que la volonté des hommes. On peut dire que
» *la loi* qui *permet* les testaments est comme une exception à
» la loi naturelle et générale qui appelle les proches à la succes-
» sion. *Domat.* Cette opinion se trouve dans presque tous les
auteurs qui ont traité la matière.

« Il n'y avait, dit M. Thevenot Dessaules, que *la loi seule*
» qui put investir le père de famille de la puissance de dis-
» poser en souverain et comme *législateur* de sa chose, pour un
» temps où elle ne pourrait plus lui appartenir; *super pecuniá*
» *tutelá ve rei suæ uti legassit ita jus esto.* »

Cela est si vrai que les Romains qui plus tard se montrèrent
plus que tout autre peuple, jaloux du pouvoir de tester que
la loi des douze tables leur conférait, et qu'ils considéraient

soin l'ordre des successions a été réglé parmi eux,
non seulement pour les cas où il existerait des héritiers du sang en ligne directe ou collatérale ; mais
même pour ceux où tous ces héritiers feraient
défaut.

Cependant dans une partie de l'Inde anglaise , depuis long-temps déjà le droit d'un Hindou , de disposer ainsi, non seulement d'objets mobiliers et
d'immeubles fruits d'acquisitions particulières ;
mais aussi de la totalité d'une succession, encore
bien qu'elle soit composée d'immeubles patrimo-

---

avec raison comme un important privilége, ne pouvaient
dans le principe, disposer de cette manière , qu'en faisant connaître leur intention et ses motifs dans les comices dûment
convoquées *(calatis comitiis)* et en obtenant l'assentiment de
cette assemblée ; c'est-à-dire , une loi spéciale pour chaque
cas particulier. Ce ne fut que plus tard et lorsque l'exercice du
pouvoir testamentaire eut pris une certaine extension, qu'il fut
établi par la loi des douze tables et confirmé par la loi Voconia,
que le citoyen Romain pourrait tester sans l'assentiment des
comices qu'il était souvent impossible d'obtenir, ces assemblées
n'ayant lieu que deux fois par an ; mais en présence de témoins
qui devaient remplacer le corps du peuple et qui pour cette
raison étaient au nombre de cinq pour en représenter les cinq
classes, la sixième composée de gens qui n'avaient rien n'étant
pas comptée. L'axiome cité par M. Thevenot *super pecuniâ
tutelâ ve*, etc. prouve que le peuple Romain comprenait bien
que c'était un pouvoir pour ainsi dire législatif qui lui était
délégué et cette pensée se trouve encore plus fortement exprimée dans la maxime, *dicat testator et erit lex*. Voila l'origine
des testaments dans le droit Romain, d'où ils ont passé dans le
nôtre ; ils sont un pouvoir exorbitant créé par la loi écrite et
ne dérivent aucunement de la loi naturelle qu'ils contrarient
le plus souvent en fait et toujours en principe.

niaux et même de propriétés communes jusqu'à
concurrence de sa quote part est admis, et quelques arrêts rendus par la cour royale de Pondichéry (¹) paraissent avoir reconnu l'introduction
dans cette colonie, d'un usage non moins insolite
dans le midi de la péninsule, que contraire à l'esprit
et à la lettre de tous les auteurs anciens. Innovation funeste : car elle vient rompre l'harmonie des
dispositions législatives de ce pays, dont elle atta-
que le principe fondamental, non seulement en
permettant de déranger l'ordre des droits successifs;
mais aussi en changeant la nature du droit de propriété, qui n'autorise pas ici comme en Europe, le
propriétaire à user et abuser de ce qui lui appartient ; mais seulement à en user avec modération
dans l'intérêt de sa famille, alors même qu'il est

(¹) Je n'ai pas eu le loisir de rechercher ces arrêts et de les
étudier; mais cependant je crois qu'ils sont trop peu nombreux
et trop peu précis dans leurs termes, pour être considérés
comme ayant formé une jurisprudence définitivement arrêtée:
et je crois surtout que les testaments sont bien loin d'avoir
pénétré dans les habitudes des indiens de Pondichéry, assez
avant pour pouvoir être considérés comme reposant sur une
coutume généralement adoptée; et que si on examinait avec
soin les testaments que l'on a présentés aux tribunaux jusqu'à
présent, on trouverait qu'ils ont été pour la plupart faits en
présence de la famille assemblée et du consentement des parties qui auraient pu être lésés par leurs dispositions, ce qui
change la nature de l'acte : ou bien qu'ils doivent être considérés comme des actes authentiques d'adoption, presque
tous contenant cette déclaration : « Je prends un tel pour mon
» fils. » Ce qui change aussi la nature de l'acte, ou bien encore
que leurs dispositions étaient conformes à celles établies par
la loi et par conséquent inutiles et non attaquables, par défaut

15

séparé de biens et qu'il n'a pas de postérité qui lui soit propre : innovation inutile d'ailleurs dans un pays où le mariage est un devoir, le célibat un vice, et où celui qui n'a pas d'héritiers est moralement obligé d'adopter un enfant qui lui en tienne lieu.

Si l'on en croit Monsieur Strange, sa première admission à Madras a eu une source impure, puisque c'était un moyen imaginé pour faire passer dans des mains européennes l'administration d'une succession indienne considérable, et il ajoute qu'il est difficile de trouver une raison satisfaisante pour justifier l'introduction dans le droit Hindou d'une aussi pernicieuse anomalie; qu'aucune loi, aucun texte aucun passage ne peut prêter à une telle interprétation. Il finit par se poser cette question.

« Le droit d'un Hindou de disposer à Madras, par » testament peut-il être fondé sur la coutume? La

---

d'intérêt de la part des héritiers : Ou bien enfin que leur annullation n'était pas démandée par les parties qui avaient intérêt et droit de le faire. Si j'insiste sur ce point, c'est que je pense que ce qui constitue la majesté d'un code de lois, c'est l'harmonie dans toutes ces parties, et qu'il me parait évident que l'introduction des testaments chez les Hindoux tend à rompre cette harmonie qui existe pourtant dans leur droit aussi évidemment que dans aucun autre code, et c'est que je suis convaincu que cette façon de détourner les successions de leur cours naturel est tellement contraire aux idées des Hindoux, qu'il n'en useront presque jamais pour de bons motifs. Prenons garde d'ouvrir une porte à cette corruption dans laquelle, suivant M. Strange, les testaments des Hindoux ont eu leur origine à Madras, et tâchons qu'il ne puisse jamais être dit chez nous que c'est un moyen propre à faire passer les successions des Hindoux dans nos mains.

» coutume, est une branche de droit chez les Hin-
» doux comme chez nous. « La coutume immémo-
» riale est la principale loi, » dit Manou ; mais, com-
» ment la définit il ? à peu près comme le fait milord
» Coke par « *Bons usages depuis long-temps établis* »
» et que doit on entendre par *bons usages* en pareille
» matière? « Des habitudes qui ne soient pas en oppo-
» sition avec les lois et coutumes du pays. » Peut-
» on considérer l'habitude de faire des testaments,
» appliquée aux Hindoux comme un *bon usage*
» *depuis long-temps établi ?* née de la corruption,
» son établissement est comme d'hier, et elle viole
» leurs institutions les plus sacrées. »

Au surplus, au Bengale même, où le pouvoir
testamentaire a été le plus favorablement accueilli,
on n'a pu trouver aucun texte qui voulut se prêter
à cette interprétation, et l'argument le plus favorable qu'on ait pu y produire, consiste à dire que
les testaments *peuvent être considérés comme des
donations devant produire leur effet à un temps à
venir, à la mort du donateur,* et qu'ils doivent être
assujétis à toutes les règles qui concernent les donations, en restreignant leurs dispositions aux choses
que le donateur aurait pu aliéner de son vivant.
D'où il suit qu'en admettant le pouvoir d'un Hindou de disposer par testament, il faudrait décider
qu'un propriétaire séparé de biens et n'ayant pas
d'héritiers mâles ni d'autres descendants capables de
recueillir sa succession, pourrait en disposer à sa
volonté; mais qu'il ne pourrait ainsi disposer d'aucun immeuble soit héréditaire, soit acquis par lui-
même, s'il avait des enfants ou autres descendants,
ni même, de sa propriété mobilière, autrement

qu'avec la réserve de ne pas étendre ses libéralités de manière à nuire à ses héritiers naturels; et qu'un propriétaire commun en biens pourrait au Bengale disposer, en observant les mêmes règles, jusqu'à concurrence de sa quote part, tandis que dans les autres parties de l'Inde, il ne pourrait disposer d'aucune partie des biens communs sans en avoir préalablement fait effectuer le partage.

Mais laissons parler Monsieur Colebrooke, à qui cette question : « Un Hindou peut-il disposer de ses » biens par testament ? » avait été proposée.

« Après un sérieux examen de la question, lors- » qu'elle fut élevée il y a quelques années, il fut » décidé ici (à Calcutta) qu'un testament fait par » un Hindou (quoique cette manière de disposer » des biens soit inconnue dans le droit Hindou, » comme le fit observer Sir William Jones) doit être » déclaré valable comme étant un don fait en vue » de la mort (¹) contre lequel la loi Hindoüe, si » elle ne l'autorise pas, ne contient au moins » aucune prohibition. Ainsi considéré comme un » don devant produire son effet dans un temps à » venir, lequel doit être déterminé par un évène- » ment prévu (la mort du donateur), je pense que » le testament doit être régi et contrôlé par les règles » générales concernant les donations. »

Lettre du 18 mai 1812.

Voir aussi à ce sujet la note ci-devant page 123, qui est la suite de la même lettre.

» Lorsque j'ai écrit il y a quelques jours, j'ai » avancé que je pensais que le testament d'un

---

(¹) Une donation à cause de mort.

» Hindou devait être régi et contrôlé par les règles
» générales concernant les donations. Je crois qu'il
» serait valable pour les mêmes choses pour les-
» quelles une donation faite pendant sa vie serait
» considérée telle et non pour d'autres. J'aurais dû
» ajouter cependant, que les legs faits à sa famille,
» doivent être contrôlés par les règles concernant
» les partages qu'un père de famille peut faire pen-
» dant sa vie. Le principe que je voudrais poser,
» est, *qu'un homme ne peut donner à un étranger*
» *ou à ses propres parents, par testament*, (que je
» considère comme une donation en vue de la mort)
» *autrement qu'il ne pourrait disposer par acte de*
» *donation ou de partage de patrimoine.* Tout ce
» que l'on peut prétendre, c'est qu'il peut faire par
· testament ce qu'il aurait pu faire par partage, ou
» par donation entre personnes vivantes. C'est accor-
» der aux testaments toute l'autorité qu'on puisse
» leur donner, que de les considérer comme dona-
» tions pour les choses que le testateur avait le
» pouvoir de donner, et comme partages de biens
» pour les choses qu'il avait le droit de partager,
» sans pouvoir les donner. »

Lettre du même du 25 mai 1812.

Il est assez curieux de voir de qu'elle manière
les Pundits, consultés par les tribunaux anglais
sur la validité de certains testaments, lorsqu'ils ne
croyent pas devoir rejeter ces contrats d'une nouvelle nature pour eux, s'efforcent de les faire accorder avec les prescriptions des Sastras, et comme
cela est de nature à jeter quelque jour sur la question, je vais transcrire ici quelques cas, tels qu'on

les trouve dans l'appendice de Monsieur Strange, et ils seront le complément de mes observations à ce sujet.

Premier cas.

On pose à un des Pundits ces trois questions :

1° Un Hindou peut-il disposer de ses biens par testament ?

Réponse du Pund.t.

Suivant le texte de Naréda, d'accord avec les Sastras, le père n'est pas libre de disposer de ses biens autrement que par portions égales à tous ses fils. Aucun Sastra ne permet à une personne de disposer de son bien, suivant son gré ;

2° Un Hindou commun en biens le peut-il faire et dans quelle étendue ?

Réponse du Pundit.

Suivant le texte de Yajnyawalcya, le père a autorité sur les perles, coraux et autres valeurs de cette nature ; les immeubles appartiennent aux descendants de la famille ; le père et le grand-père n'ont aucun pouvoir de les aliéner. Le père peut cependant donner des vêtements et des parures suivant son gré, et il est permis de recevoir et de porter ces objets ; mais il n'est pas permis d'accepter des immeubles du père ni de s'en servir. Quand même le père aurait lui-même acquis des propriétés immobilières et augmenté ainsi les immeubles patrimoniaux de même que des esclaves y-attachés, il n'a pas le droit d'en disposer par vente ou donation sans le consentement de la famille : voilà les prescriptions du Sastra. Cependant un membre d'une famil vivant en communauté peut, comme cela a déjà été dit, disposer d'une bagatelle prise dans le mobilier appartenant à la communauté;

5° Un membre d'une famille vivant en communauté et composée seulement de deux personnes, peut-il disposer ainsi, de la moitié du bien, ne touchant pas à la moitié de son cohéritier?

Réponse du Pundit.

Il est établi dans le texte de Naréda, qu'il est nécessaire que le partage soit fait d'abord avec le concours de tous les membres; c'est pourquoi il n'est pas légal de disposer jusqu'à concurrence de sa part.

Second cas.

On demandait à un des Pundits de la cour de Bombay qu'elle était l'étendue du droit d'un Hindou de disposer par testament, premièrement en le considérant comme membre d'une famille vivant en communauté, et ensuite comme membre d'une famille non commune.

Opinion du Pundit.

Il n'est pas question de testaments dans notre Sastra; par conséquent on ne doit pas en faire. On objecte que le père a le droit de faire le partage de ses biens de son vivant, cela est vrai; mais il faut qu'il le fasse conformément au Sastra: il ne peut pas partager ses biens suivant son gré, et s'il le fait, son partage peut être *corrigé* ou réformé; de manière que le Sastra est l'unique règle. Une famille indivise, n'ayant aucun pouvoir individuel mais seulement un pouvoir collectif, aucun de ses membres ne peut, sans le concours de tous (exprès ou présumés), disposer d'aucune chose. Quand un partage a eu lieu et lorsque la famille d'un des membres est suffisamment pourvue, une aliénation est légale; mais pas même dans ce cas une aliénation d'immeubles. Lorsqu'un membre d'une famille vivant en communauté décède sans laisser de postérité, sa part des biens communs n'appartient pas à sa veuve, mais à ses frères ou autres cohéritiers. J'ai ainsi établi ce qui se pratique dans ce pays.

Bapoo. — Pundit.

Troisième cas.

Un Soudra laissa deux femmes avec un fils de la première et trois fils et deux filles de la seconde, dont un fils et une fille n'étaient pas mariés lors de son décès. Par son testament il ordonna qu'après le prélèvement de certains legs, ses biens fussent également partagés entre ses quatre fils.

Opinion du Pundit.

En éprouvant le testament au moyen des différentes autorités qui se sont occupées des partages de biens, la première chose à remarquer est la promesse faite à sa première femme, de bijoux de la valeur de mille pagodes, lorsqu'il en prit une seconde sous le prétexte de son incapacité de remplir le premier devoir conjugal, quoiqu'elle eût déjà donné un fils au testateur. S'il était riche, il devait lui donner un tiers de tout ce qu'il possédait, et en tous cas; il restait soumis à l'obligation de la maintenir. Supposant qu'elle n'eut pas reçu de Stridhana, ou douaire de son mari, ou beau-père, elle avait droit à une somme égale à celle dépensée lors du second mariage si elle avait reçu un Stridhana, il devait être déduit pour lui donner la différence.

Le testament ordonne en outre d'allouer cent pagodes pour le mariage de son plus jeune fils, cent pour son éducation, et cent autres pour son premier établissement : En outre les bijoux portés par lui-même, ses schawls et meilleurs vêtements avec les vases d'argent et de cuivre, son lit, son coffre, etc., et les autres meubles meublants.

Comme il est conforme aux Sastras que lors d'un partage entre frères, il soit pourvu sur le fonds commun au mariage de celui qui ne serait pas marié, une allocation pour ce motif est admissible ; mais comme le jeune fils doit partager également avec ses frères le reste de la succession paternelle, le prélèvement de deux cent pagodes pour son éducation et pour son premier établissement doit être refusé. Quant à une allocation à prendre dans le bien commun, d'un vingtième pour l'aîné, d'un quarantième pour le puîné et d'un quatre-vingtième pour le plus jeune : cela est abrogé dans le Kaly Youga : le prélèvement de bijoux, etc., pour le plus jeune, sans donner un équivalent aux autres, est tout-à-fait contraire aux Sastras

Le testament donne à la fille non mariée les bijoux portés par elle, avec cent pagodes pour son mariage et cent autres pour acheter des bijoux ; le don des bijoux portés par elle est légal. Comme il y a quatre fils et une fille non mariés, sa part de la succession est *un vingtième ;* si donc les deux cents pagodes allouées pour son mariage et pour ses futurs bijoux ne dépassent pas le vingtième de la succession, la donation est valable, autrement elle ne l'est pas, etc., etc.

Alega Singara Chary; Pundit.

M. Ellis dit que cette opinion comme presque toutes celles du Pundit Singara Chary, est excellente; mais qu'il est évident que le Pundit ne reconnait la validité d'un pareil contrat qu'autant qu'il est parfaitement d'accord avec les Sastras, et qu'il a toujours paru à lui (M. Ellis), hors de propos, (incongruous) d'en permettre l'enregistrement dans les cours de justice.

Quatrième cas.

Si un homme fait un testament et le remet à la personne qui y est désignée pour recueillir la succession, mais que le testament soit contraire aux dispositions que la loi indiquerait à défaut d'acte de dernière volonté: lequel doit être exécuté, le testament ou le Sastra?

Opinion du Pundit.

Que ce soit un testament ou tout autre contrat, s'il est contraire au Dharma Sastra, *il ne peut être déclaré valable.* »

Au sujet de cette opinion, M. Ellis a fait une remarque qui résume une grande partie de ce que l'on peut dire au sujet du pouvoir testamentaire des Hindoux; la voici:

« Certainement *il ne peut pas l'être:* Mais qu'est-
» ce donc que le testament d'un Hindou? Si la dis-
» position des biens qui y est faite est contraire à la
» distribution établie dans le Darma Sastra, il est
» nul: Si elle est conforme à cette distribution, il
» est inutile. »

FIN.

TABLEAU

DES DIFFÉRENTS ORDRES DE SUCCESSION

D'APRÈS LE

DAYA CRAMA SANGRAHA

TABLEAU N° Ier.

DE L'ORDRE DE SUCCESSION AUX BIENS D'UN HOMME.

1° Le fils.
2° Le petit-fils.
5° L'arrière petit-fils.
4° La veuve.
5° La fille non mariée.
6° La fille mariée qui a ou qui peut espérer des enfants.
7° Le fils de la fille.
8° Le père.
9° La mère.
10° Le frère germain.
11° Le frère consanguin.
12° Le fils du frère germain.
13° Le fils du frère consanguin.
14° Le petit-fils du frère germain.

15° Le petit-fils du frère consanguin.

16° Le fils de la fille du père.

17° Le fils de la fille du frère.

18° Le grand-père paternel.

19° La grand'mère paternelle.

20° L'oncle.

21° Le fils de l'oncle.

22° Le petit-fils de l'oncle.

23° Le fils de la fille du grand-père.

24° Le fils de la fille de l'oncle.

25° Le bisaïeul paternel.

26° La bisaïeule paternelle.

27e Le frère du grand-père paternel.

28° Son fils.

29° Son petit-fils.

50° Le fils de la fille du bisaïeul.

51° Le fils de la fille du frère du grand-père.

52° Le grand-père maternel.

53° L'oncle maternel.

54° Son fils.

55° Son petit-fils.

56° Le fils de la fille du grand-père maternel.

57° Le bisaïeul maternel.

58° Son fils.

59° Son petit-fils.

40° Son arrière petit-fils.

41° Le fils de la fille du bisaïeul maternel.

42° Le trisaïeul maternel.

43° Son fils.

44° Son petit-fils.

45° Son arrière petit-fils.

46° Le fils de la fille du trisaïeul maternel.

Saculya.

47° Le fils de l'arrière petit-fils.
48° Son fils.
49° Son petit-fils.
50° Le père du bisaïeul paternel.
51° Son père.
52° Son grand-père.
53° Les parents alliés par des libations d'eau.
54° Le précepteur spirituel.
55° L'élève.
56° Le compagnon d'études.
57° Des personnes de même nom.
58° Celles descendant du même patriarche.
59° Des brames instruits.
60° Le Roi.

TABLEAU N° II.

DE L'ORDRE DE SUCCESSION AUX BIENS D'UNE FILLE.

1° Le frère germain.
2° La mère.
3° Le père.

TABLEAU N° III.

DE L'ORDRE DE SUCCESSION AUX BIENS PARTICULIERS DES FEMMES REÇUS A LEURS CÉRÉMONIES NUPTIALES.

1° Les filles non fiancées.
2° Les filles fiancées et non mariées.
3° Les filles mariées.
4° Les filles stériles et veuves.
5° Le fils.
6° Le fils de la fille.

7° Le fils du fils.

8° L'arrière petit-fils dans la ligne masculine.

9° Le fils d'une femme contemporaine ou rivale

10° Son petit-fils.

11° Son arrière petit-fils.

Si le mariage a été célébré d'après un des quatre modes approuvrés.

12° Le mari.

13° Le frère.

14° La mère.

15° Le père.

Si le mariage a été célébré d'après les modes réprouvrés.

12° La mère.

13° Le père.

14° Le frère.

15° Le mari.

Dans tous les cas après eux.

16° Le frère puîné du mari.

17° Les fils des frères aînés et puînés du mari concurremment.

18° Les fils de la sœur.

19° Les fils de la sœur du mari.

20° Les fils du frère.

21° Le gendre.

22° Le beau-père.

23° Le frère aîné du mari.

24° Les Saculyas, dans l'ordre établi au tableau n° 1er.

25° Les brames.
26° Le Roi.

TABLEAU N° IV.

DE L'ORDRE DE SUCCESSION AUX BIENS PARTICULIERS DES FEMMES
QUI NE LEUR ONT PAS ÉTÉ DONNÉS LORS DU MARIAGE.

1° Les fils et les filles non mariées concurremment, et les uns à défaut des autres.
2° Les filles mariées.
5° Le fils du fils.
4° Le fils de la fille.
5° L'arrière petit-fils dans la ligne masculine.
6° Le fils de la femme contemporaine.
7° Son petit-fils.
8° Son arrière petit-fils.
9° Les filles stériles et veuves.

*Si le mariage a été célébré d'après un des quatre
modes approuvés.*

10° Le mari.
11° Le frère.
12° La mère.
15° Le père.

*Si le mariage a été célébré d'après les modes
réprouvés.*

10° La mère.
11° Le père.
12° Le frère.
15° Le mari.

Dans tous les cas après eux.

14° Le frère puîné du mari.
15° Les fils des frères aînés et puînés du mari concurremment.
16° Le fils de la sœur.
17° Le fils de la sœur du mari.
18° Le fils du frère de la femme.
19° Le gendre.
20° Le beau-père.
21° Le frère aîné du mari.
Les saculyas, dans l'ordre établi au tableau n° 1er.
Les brames.
Le Roi.

CINQUIÈME TABLEAU

DE L'ORDRE DE SUCCESSION AUX BIENS PARTICULIERS D'UNE FEMME, DONNÉS PAR SON PÈRE.

1° Les filles non mariées.
2° Les filles mariées.
3° Les filles stériles et veuves.
4° Le fils, etc., comme au tableau n° 3.

TABLEAU

DES DIFFÉRENTS ORDRES DE SUCCESSION

D'APRÈS

LE MITACSHARA.

TABLEAU N° Iᵉʳ.

DE L'ORDRE DE SUCCESSION AUX BIENS D'UN HOMME.

1° Les fils légitimes ou adoptifs.
2° Leurs fils.
3° Leurs petits-fils.
4° La veuve, si les biens n'étaient pas ne communauté.
5° La fille non mariée.
6° La fille mariée.
7° Le fils de la fille.
8° La mère.
9° Le père.
10° Le frère germain.
11° Le frère consanguin.
12° Le fils du frère germain.

14

13º Le fils du frère consanguin.
14º L'aïeule paternelle.
15º L'aïeul paternel.
16º L'oncle paternel.
17º Le fils de l'oncle.
18º La bisaïeule paternelle.
19º Le bisaïeul paternel.
20º Le grand-oncle.
21º Son fils, etc., jusqu'au septième degré.
22º Les Samanodacas, ou alliés par libations d'eau depuis le septième degré auquel s'arrête l'énumération précédente, jusqu'au quatorzième dans un ordre analogue à celui établi pour les Sapindas.

Ensuite les parents cognats.

1º Du décédé lui-même.

Les fils de la sœur du père.
Les fils de la sœur de la mère.
Les fils de la sœur de l'oncle.

2º Du père du décédé.

Les fils de la tante paternelle.
Les fils de la tante maternelle du père.
Les fils de l'oncle maternel du père.

3º De la mère du décédé.

Les fils de la tante paternelle de la mère.
Les fils de la tante maternelle de la mère.
Les fils des oncles maternels de la mère.

Enfin.

Le précepteur spirituel.
L'élève.
Le compagnon d'études.
Un vénérable prêtre.
Des brames savants et purs d'esprit.
Le Roi.

TABLEAU N° II.

DE L'ORDRE DE SUCCESSION AUX BIENS D'UNE FEMME.

1° La fille non mariée.
2° La fille mariée.
5° La fille de la fille.
4° Le fils de la fille.
5° Le fils.
6° Le fils du fils.

Si le mariage a été célébré d'après un des quatre modes approuvés.

7° Le mari, et à son défaut ses sapindas, dans l'ordre établi dans le tableau n° 1er.

Si le mariage a été célébré d'après l'un des modes réprouvés.

8° La mère.
9° Le père et à leur défaut leurs Sapindas.

TABLE DES MATIÈRES.

Pondichéry. ---- A. TOUTIN, Imp. du Gouvernement.

www.ingramcontent.com/pod-product-compliance
Lightning Source LLC
Chambersburg PA
CBHW070505200326
41519CB00013B/2728